Sconfiggi l'Ansia e gli Attacchi di Panico

Terapie e Segreti per Eliminare Angoscia e Negatività, Riconoscere i Sintomi e Gestire Ansia, Depressione ed Attacchi di Panico Improvvisi

di Susanna Valeri

Indice

Capitolo 1

Cos'è l'Ansia e quali sono i suoi disturbi?

"I problemi di salute mentale non definiscono chi sei. Sono qualcosa che si sperimenta. Cammini sotto la pioggia e senti la pioggia, ma, cosa importante, non sei la pioggia". (Matt Haig)

L'ansia è qualcosa che proviamo ogni giorno. A volte è utile, ma troppa può causare disturbi d'ansia. Non colpisce solo te stesso, ma anche le persone che ti circondano. Preoccuparsi troppo delle piccole cose può trasformarsi in un disturbo d'ansia. Per alcune persone può essere allarmante a seconda della gravità del disturbo. Nonostante ciò, è molto curabile con la terapia. Questo capitolo ti aiuterà a capire quando l'ansia è normale e quando è un problema. Diversi disturbi d'ansia possono influire notevolmente sulla tua salute mentale. Anche se l'ansia è una condizione di salute mentale, può comunque influire notevolmente sulla tua salute fisica.

L'ansia è la risposta fisica del vostro corpo al pericolo. La respirazione potrebbe aumentare, il cuore potrebbe iniziare a battere velocemente, si potrebbero sentire le farfalle nello stomaco e si potrebbe avere una scarica di energia.

Tutti si sentono a volte ansiosi, e un certo livello di ansia è naturale e benefico in certe circostanze. L'ansia è il metodo del vostro corpo per mantenervi protetti. Ad esempio, si cammina verso casa e si trascinano i piedi perché si è stanchi. Nella vostra visione periferica, credete di vedere un serpente. Improvvisamente, si dimentica quanto si è stanchi e si ha una scarica di energia, che permette di uscire dal pericolo.

L'ansia può anche incoraggiarvi. Se forse vi sentite un po' nervosi per un incarico o per un colloquio di lavoro, l'ansia può permettervi di correre.

Tuttavia, sentire un'eccessiva ansia per qualcosa o sentire ansia che non è collegata a una chiara sfida non è utile. Può ostacolare le vostre attività quotidiane e influire sulla qualità della vostra vita.

L'ansia è un'ampia e spiacevole sensazione di apprensione. Quando si è nervosi, ci si può sentire irrequieti e si possono verificare reazioni fisiche come mal di testa, senso di oppressione al petto, palpitazioni, sudorazione e mal di stomaco.

È un'esperienza umana ordinaria. Di solito è una probabile risposta benefica in previsione di situazioni minacciose. I segni fisici dell'ansia provengono dalla risposta del sistema nervoso autonomo. È diversa dalla paura, ma associata alla paura, una reazione del tutto naturale a un pericolo presente e chiaro.

L'ansia è normale e comune, ma può essere disadattiva. Quindi, quando è normale l'ansia e quando è un disturbo d'ansia?

Tutti noi diventiamo ansiosi di tanto in tanto. Questo è naturale oltre che utile per noi.

L'ansia è benefica quando ci troviamo in una situazione preoccupante, perché ci incoraggia a fare del nostro meglio.

In termini evolutivi, è un elemento della risposta "lotta o fuga" in cui gli ormoni, tra cui l'adrenalina e il cortisolo, si diffondono nel nostro corpo in reazione a una minaccia e ci preparano a intraprendere azioni appropriate.

I pensieri di preoccupazione, nervosismo e inquietudine che caratterizzano l'ansia sono comuni a tutti noi.

Tuttavia, l'ansia diventa un problema quando le persone si sentono nervose per la maggior parte del tempo, soprattutto quando iniziano ad essere nervose per le cose di tutti i giorni che non rappresentano una minaccia specifica.

L'ansia prolungata è estremamente spiacevole e causerà ulteriori problemi di salute. Questo capitolo spiega perché gli individui possono sviluppare ansia a lungo termine, i tipi di tensione più comuni, e cosa si potrebbe fare per gestire l'ansia.

Perché le persone sviluppano l'ansia continua?

Di solito tutti sono ansiosi per una serie di motivi, invece che per uno solo.

Questi includono:

Eventi di vita stressanti

Gli esami, il lutto, i problemi di alloggio, il lavoro eccessivo, le interruzioni del rapporto, ecc. possono provocare ansia. Triste a dirsi, l'elenco degli eventi stressanti della vita va avanti all'infinito.

Personalità

Molte persone si preoccupano per la loro natura e hanno difficoltà ad allontanarsi da una situazione. La tendenza a guardare il pianeta come un luogo spaventoso ti rende naturalmente ansioso.

Eventi passati

Un'infanzia difficile o un trauma esauriscono la resistenza e rendono gli individui suscettibili all'ansia, soprattutto se c'è una minaccia associata a una situazione traumatica ripetuta.

Stile di vita

Il consumo di molto zucchero o anche l'assunzione di molta caffeina possono aiutare lo stress e il nervosismo il più delle volte.

Altri problemi di salute

Le persone con dolore cronico sono suscettibili all'ansia di gestire le cose, o forse se il dolore potrebbe ripresentarsi. Farmaci come steroidi e antimalarici sono stati collegati all'ansia, e c'è una significativa sovrapposizione tra depressione e ansia.

L'ansia può essere benefica e normale

C'è un numero infinito di esperienze umane che si traducono in un'ansia che è normale. La vita ci offre l'esperienza di molte ansie provocate da "prime volte", come un primo appuntamento, il primo giorno di scuola, la prima volta fuori casa.

Mentre viaggiamo nella vita, ci sono anche molti eventi significativi, sia buoni che cattivi, che causano diversi livelli di ansia. Questi eventi possono includere il sostenere un esame scolastico, sposarsi, diventare genitore, divorziare, cambiare lavoro, affrontare la malattia e molti altri.

Il disagio che l'ansia porta è considerato naturale oltre che benefico.

L'ansia per un esame imminente, ad esempio, può portare a lavorare più duramente nella preparazione dell'esame. L'ansia che si prova quando si cammina in un parcheggio grande e deserto verso la propria auto vi renderà consapevoli e attenti a ciò che vi circonda.

Anche l'ansia può essere un problema

Anche se è evidente che l'ansia è naturale e benefica, si trasforma in un problema per molti individui. La differenza principale tra l'ansia problematica e l'ansia normale è tra l'intensità e la fonte dell'esperienza.

L'ansia normale è intermittente, ed è prevista in base a situazioni o eventi.

D'altra parte, l'ansia patologica tende ad essere irrazionale e cronica, e interferisce con molte funzioni vitali. Il comportamento da evitare, la preoccupazione costante, la concentrazione e i problemi di memoria possono derivare da un'ansia problematica.

Questi sintomi possono essere così intensi da causare difficoltà familiari, sociali e lavorative.

L'ansia patologica comprende le risposte fisiche all'ansia (come palpitazioni e mal di stomaco), pensieri distorti che diventano fonte di troppe preoccupazioni e cambiamenti comportamentali che influenzano il modo abituale di vivere la vita e di interagire con gli altri. L'ansia da problemi può portare o forse riflettere un disturbo d'ansia.

Il disturbo d'ansia generalizzata (GAD), per esempio, è definito come "la presenza di troppa preoccupazione e ansia per una serie di aspetti, eventi, o attività". La preoccupazione si verifica generalmente per un minimo di 6 mesi ed è eccessiva, insieme ai sintomi fisici e cognitivi dell'ansia.

Quando contattare il medico

Nel caso pensiate che la vostra ansia sia un problema, è fondamentale parlare con un medico. Poiché le donne tendono a manifestare i sintomi dell'ansia molto più spesso degli uomini, gli esperti raccomandano ora che tutte le ragazze e le donne dai tredici anni in su siano sottoposte a screening per i disturbi d'ansia durante le visite di routine. L'intervento precoce e la rilevazione sono cruciali, poiché l'ansia può crescere ancora peggio nel tempo se non trattata.

Una varietà di esperienze psicologiche può portare a condizioni di ansia eccessiva. L'ansia da problemi è stata rilevata in una serie di malattie fisiche, come le malattie cardiache, i problemi di stomaco e il dolore. Tuttavia, la ragione migliore per parlare con il medico è che l'ansia è controllabile e le sue complicazioni sono evitabili con il trattamento.

Disturbi d'ansia

I disturbi d'ansia sono condizioni di salute mentale che riguardano quantità eccessive di ansia, preoccupazione, nervosismo, e paura. L'ansia che è troppo persistente o troppo intensa può portare un individuo a sentirsi preoccupato, teso, distratto e vigile.

I disturbi d'ansia sono tra le condizioni di salute mentale più familiari. Colpiscono persone di tutte le età - adulti, adolescenti e bambini. Troverete una varietà di disturbi d'ansia, con sintomi diversi. Hanno una cosa in comune, però: l'ansia si verifica spesso, è troppo potente, è sproporzionata rispetto alle circostanze attuali e colpisce la vita quotidiana e la felicità di una persona.

I segni di un disturbo d'ansia possono manifestarsi all'improvviso, o forse si possono costruire lentamente e indugiare fino a quando un essere umano inizia a riconoscere che qualcosa non va. A volte l'ansia crea una sensazione di sventura e di presagio che sembra spuntare dal nulla. È tipico di tutti coloro che hanno un disturbo d'ansia e non capiscono cosa stia causando le emozioni, le preoccupazioni e le sensazioni che provano.

Tipi di ansia

Le note che seguono sui vari tipi di ansia non hanno lo scopo di fare una diagnosi. Ma possono essere utili se, ogni volta che si visita un medico, un consulente o uno psicologo, si lavora con questi termini.

Troverete vari tipi di disturbi d'ansia, ma questi sono i più comuni:

Il Disturbo d'Ansia Generalizzata (GAD) è quando gli individui si preoccupano di varie cose per molti giorni, per più di 6 mesi. In genere colpisce i giovani adulti e le femmine molto più dei maschi. L'ansia riguarda una vasta gamma di problemi e situazioni, non solo un evento specifico. Può essere difficile da gestire e trova spazio anche in tutti gli aspetti della vita quotidiana. Il disturbo d'ansia generalizzata è un disturbo d'ansia identificato dall'ansia cronica, dalla tensione esagerata e dalla preoccupazione, non importa se c'è poco o forse niente a provocarlo.

Le fobie sono paure irrazionali ed estreme per una cosa specifica. Potrebbe essere incredibile come un individuo faccia di tutto per starne lontano, anche se è innocua. Per esempio, la fobia sociale è la paura di essere giudicato o imbarazzato in pubblico, in situazioni quotidiane come mangiare, comunicare al lavoro o anche fare conversazione. Un'altra variante è l'agorafobia, generalmente considerata come paura degli spazi aperti. Allo stesso modo, è la paura di essere minacciati o di essere lontani da un luogo sicuro. Potrebbe essere molto invalidante e spaventosa, e potrebbe lasciare gli individui non in grado di lasciare le loro case. La fobia sociale, o disturbo d'ansia sociale, è un disturbo caratterizzato da un'eccessiva coscienza di sé e da un'ansia travolgente nelle situazioni sociali quotidiane. La fobia sociale può essere limitata a un solo tipo di situazione. Come la paura di parlare in situazioni informali o formali, di bere e mangiare davanti agli altri - o, nella sua forma più grave, può essere così estesa che una persona sperimenta i sintomi quasi ogni volta che si trova intorno a molte altre persone. Questo disturbo prevede una paura paralizzante nelle situazioni sociali di essere giudicato o forse umiliato dagli altri. Questa grave fobia sociale può lasciare una persona a disagio e sola. Circa 15 milioni di adulti americani vivono con un disturbo d'ansia sociale. L'età normale all'esordio si aggira intorno ai tredici anni. Più di un terzo degli individui con disturbo d'ansia sociale attende un decennio o forse più prima di cercare aiuto.

Il Disturbo Ossessivo-Compulsivo (OCD) si verifica quando un individuo ha pensieri, idee, sentimenti, ossessioni indesiderate, intrusive, ripetitive o persistenti che causano ansia. Di conseguenza compie azioni per diminuire l'ansia o anche per eliminare quei pensieri. Per esempio, l'individuo potrebbe avere paura dei germi e tentare di alleviare l'ansia attraverso ripetuti lavaggi delle mani, o stare lontano dal toccare cose come le maniglie delle porte. Potrebbe sapere che questi pensieri sono irragionevoli, ma non essere in grado di fermarli. Quando il disturbo ossessivo-compulsivo è critico e non viene trattato, spesso è estremamente sconvolgente e ostacola il lavoro, la scuola e la casa. L'OCD è un disturbo d'ansia identificato da pensieri ricorrenti e indesiderati (ossessioni) e/o comportamenti ripetitivi (compulsioni). Comportamenti ripetitivi come il lavaggio delle mani, il controllo, il conteggio, o la pulizia, sono spesso eseguiti con la speranza di prevenire pensieri ossessivi o addirittura di farli sparire del tutto. L'esecuzione di questi cosiddetti "rituali", tuttavia, fornisce solo un sollievo a breve termine; senza eseguirli, aumenta notevolmente l'ansia. Gli individui con OCD possono sentirsi sopraffatti dalla spinta ad eseguire particolari rituali (compulsioni) ripetutamente, o sperimentare pensieri intrusivi e indesiderati che possono essere angoscianti (ossessioni). Le compulsioni comuni includono il lavaggio abituale delle mani, il conteggio o il controllo di qualcosa. Le ossessioni comuni riguardano la preoccupazione per la pulizia, gli impulsi aggressivi e il bisogno di simmetria.

Il Disturbo post-traumatico da stress (PTSD) risponde a un evento molto stressante al di fuori dell'esperienza quotidiana, quando un individuo si sente molto insicuro o forse minacciato. Si tratta di esperienze non comuni come la guerra, gli attacchi violenti (verbali, sessuali o fisici) o un disastro naturale. I sintomi generalmente includono irritabilità, incubi ripetuti, flashback, ansia e stare lontano da situazioni che potrebbero far riaffiorare i ricordi dell'evento. Il Disturbo post-traumatico da stress può svilupparsi dopo l'esposizione a un terrificante calvario o a un evento in cui si è verificato un grave danno fisico. Le situazioni traumatiche che possono causare il PTSD includono aggressioni personali violente, disastri naturali o causati dall'uomo, incidenti o combattimenti militari. Il PTSD si sviluppa dopo aver assistito o aver vissuto qualcosa di traumatico. I sintomi possono iniziare immediatamente o essere ritardati per anni. Le cause comuni includono la guerra, i disastri o un attacco vero e proprio. Gli episodi di PTSD possono essere scatenati senza preavviso.

Il disturbo di panico si verifica quando un individuo ha attacchi di panico. Si tratta di intense sensazioni di ansia insieme al tipo di sintomi fisici e di sensazioni travolgenti che si hanno in caso di grande pericolo, come un cuore che batte forte, dolori al petto, nausea, tremori agli arti, sudorazione, sensazione di svenimento, sensazioni di iperventilazione e disagio di perdere il controllo. I sintomi aumentano e raggiungono rapidamente il picco. Gli effetti potrebbero essere così intensi che la gente che soffre di attacchi di panico potrebbe credere di stare per morire. Nonostante siano spaventosi e molto spiacevoli, non rappresentano un pericolo di vita. Il disturbo di panico è identificato da ripetuti e inaspettati episodi di paura estrema accompagnati da segni fisici, tra cui dolore al petto, angoscia addominale, respiro corto, vertigini, o palpitazioni cardiache. Questo provoca attacchi di panico, sentimenti spontanei di ansia, terrore, o di pericolo imminente. I segni fisici includono palpitazioni cardiache, dolore al petto e respiro affannoso. Questi attacchi possono verificarsi in qualsiasi momento. Si può avere un altro tipo di disturbo d'ansia, insieme al disturbo di panico.

Cos'è il disturbo d'ansia generalizzata (GAD)?

Tutti a volte sono ansiosi, ma se le vostre paure e preoccupazioni sono così costanti da interferire con la vostra capacità di funzionare e di rilassarvi, potreste avere un disturbo d'ansia generalizzato (GAD). Il GAD è un tipico disturbo d'ansia che comporta preoccupazione, nervosismo e tensione cronica e costante. A differenza di una fobia, la vostra paura è legata a una certa situazione o a una certa cosa. L'ansia della GAD è diffusa - una sensazione generale di paura o di disagio che colora tutta la tua vita. Questa ansia è meno estrema di un attacco di panico, ma più duratura, rendendo la vita normale difficile e il rilassamento impossibile. Il disturbo d'ansia generalizzata è fisicamente e mentalmente estenuante. Drena le energie, interferisce con il sonno e logora il corpo.

Se avete la GAD, potreste essere preoccupati per le stesse cose che fanno altri uomini e donne, ma portate queste preoccupazioni a un livello più alto. L'osservazione disattenta di un collega sull'economia diventa la visione di un imminente licenziamento; una telefonata a un buon amico che non viene immediatamente ricambiata diventa l'ansia che la relazione sia in pericolo. Spesso solo l'idea di arrivare a fine giornata crea ansia. Si prosegue con le proprie attività pieni di tensioni e preoccupazioni eccessive, non importa se c'è poco o forse nulla che le provochi.

Sia che comprendiate che la vostra ansia è molto più intensa di quanto la situazione richieda, o che pensiate che la vostra preoccupazione vi protegga in qualche modo, il risultato sarà lo stesso. Non potete spegnere i vostri pensieri ansiosi. Continuano a scorrere nella vostra mente, ripetuti all'infinito. Ma per quanto possa sembrare troppo per gestire le cose in questo momento, potete liberarvi dalle preoccupazioni croniche, imparare ad alleviare la vostra mente ansiosa, e riacquistare il senso della speranza.

Capire la GAD

Il Disturbo d'Ansia Generalizzata (GAD) è identificato da un'eccessiva e persistente preoccupazione per varie cose. Gli individui con GAD possono prevedere un disastro e possono essere estremamente preoccupati per il denaro, il lavoro, la famiglia, la salute e molti altri problemi. Gli individui con GAD pensano che sia difficile gestire la preoccupazione. Potrebbero preoccuparsi di ciò che sembra giustificato da eventi reali o potrebbero aspettarsi probabilmente il peggio anche quando non c'è una ragione apparente dietro la preoccupazione.

La GAD viene diagnosticata quando una persona ha difficoltà a controllare la preoccupazione per un minimo di 6 mesi e presenta tre o più segni. Questo differenzia la GAD dalla preoccupazione che potrebbe essere unica per un determinato fattore di stress o forse per un periodo più limitato.

La GAD interessa 6,8 milioni di adulti, il 3,1% della popolazione statunitense, in un dato anno. Le donne sono due volte più adatte ad essere colpite. Il disordine può iniziare lentamente e può iniziare lungo tutto il ciclo di vita, anche se il rischio è più elevato tra la mezza età e l'infanzia. Anche se la causa precisa della GAD è sconosciuta, ci sono prove che le esperienze di vita, il background familiare e i fattori biologici, soprattutto quelli stressanti, giochino un ruolo importante.

Spesso solo l'idea di arrivare a fine giornata crea ansia. Gli individui con la GAD non capiscono come fermare il ciclo della preoccupazione e si sentono al di fuori del loro controllo. Tuttavia, generalmente riconoscono che la loro ansia è molto più intensa di quanto la situazione richieda. Tutti i disturbi d'ansia possono essere correlati a una difficoltà a tollerare l'incertezza e, di conseguenza, molte persone con GAD cercano di preparare o di controllare le situazioni. Molte persone credono che la preoccupazione impedisca che accadano cose brutte, quindi ritengono che non sia sicuro rinunciare alla preoccupazione. Occasionalmente, le persone possono lottare con sintomi fisici come mal di testa e mal di stomaco.

Quando il loro livello di ansia è da lieve a moderato o sotto trattamento, gli individui con GAD possono vivere socialmente, avere una vita piena e piena di significato, ed essere impegnati in modo redditizio. Molti con la GAD possono stare lontani da situazioni in cui sono affetti dal disturbo. Forse non approfittano delle opportunità a causa della loro preoccupazione (situazioni sociali, promozioni, viaggi, ecc.). Alcuni individui possono avere difficoltà a svolgere probabilmente le attività quotidiane più semplici quando la loro ansia è grave.

Come i disturbi d'ansia influenzano le persone

Per le persone che hanno a che fare con i disturbi d'ansia, i sintomi possono sembrare all'inizio confusi e strani. Per molti, le sensazioni fisiche possono essere potenti e sconvolgenti. Per altri, i pensieri di sventura o persino la paura che possano verificarsi senza una ragione apparente possono aiutare a farli sentire indifesi e spaventati. Le preoccupazioni incessanti possono far sentire una persona sopraffatta da ogni piccola cosa. Tutto questo può influenzare la concentrazione, l'appetito, il sonno, la fiducia in se stessi e le prospettive.

Le persone con disturbi d'ansia potrebbero evitare di parlare delle loro preoccupazioni, pensando che gli altri non capirebbero. Potrebbero temere di essere giudicati ingiustamente, o forse considerati spaventati o deboli. Anche se i disturbi d'ansia sono comuni, le persone che li hanno possono sentirsi incomprese o sole.

Alcuni individui con disturbi d'ansia potrebbero dare la colpa a se stessi. Provare vergogna o imbarazzo, o credere erroneamente che l'ansia sia una debolezza o addirittura un fallimento personale. L'ansia può impedire alla gente di andare in posti o anche di fare cose che amano.

La parte migliore è che i medici oggi comprendono i disturbi d'ansia meglio di prima e, con il trattamento, una persona può sentirsi meglio.

Capitolo 2

Segni, sintomi e cause di ansia e depressione

"Non rinunciare mai a qualcuno con una malattia mentale. Quando 'io' è sostituito da 'noi', la malattia diventa Benessere". (Shannon L. Alder)

Ansia e depressione sono cose completamente diverse. Anche se sono entrambe condizioni di salute mentale, ci sono ancora grandi differenze tra le due. Ci sono tonnellate di somiglianze che possono far sì che queste due malattie mentali si scambino. In questo capitolo confronteremo i segni, i sintomi e le cause dell'ansia e della depressione. La depressione è peggio dell'ansia. Ci vuole più tempo per curarla, e ha ancora molto stigma nella nostra società. Tenete presente che la malattia mentale è reale tanto quanto la malattia fisica. È normale e può essere curata.

Molte persone sperimentano l'ansia a un certo punto della loro vita.

In realtà, l'ansia è una normale risposta a eventi stressanti della vita come il trasloco, il cambio di lavoro o i problemi finanziari.

Tuttavia, quando i sintomi dell'ansia iniziano ad essere più grandi degli eventi che li hanno scatenati e cominciano a interferire con la vostra vita, possono essere sintomi di un disturbo d'ansia.

I disturbi d'ansia possono essere debilitanti, ma possono essere gestiti con l'aiuto di un medico. Riconoscere i segni è il primo passo.

Qui ci sono 15 sintomi comuni di un disturbo d'ansia, oltre a come si può ridurre l'ansia e quando cercare un aiuto esperto.

1. Preoccupazione eccessiva

Tra i segni più tipici di un disturbo d'ansia c'è l'irragionevole preoccupazione.

L'inquietante correlazione con i disturbi d'ansia è sproporzionata rispetto agli eventi che la scatenano, e si verifica tipicamente in reazione a situazioni quotidiane e regolari.

Per essere considerata un segno di disturbo d'ansia generalizzato, l'inquietudine deve manifestarsi per molti giorni, non meno di 6 mesi, ed essere difficile da controllare.

L'inquietudine deve essere invadente e grave, rendendo difficile la concentrazione e la realizzazione dei compiti quotidiani.

Gli individui al di sotto dei 65 anni di età sono probabilmente i più a rischio di disturbi d'ansia generalizzati, in particolare quelli che sono single, hanno uno status socio-economico più basso e hanno molti fattori di stress nella vita.

L'eccessiva preoccupazione per le questioni quotidiane è una caratteristica distintiva del disturbo d'ansia generalizzata, soprattutto se è abbastanza grave da intervenire nella vita quotidiana e persiste quasi ogni giorno per un minimo di 6 mesi.

In base all'Istituto Nazionale di Salute Mentale, le persone con disturbi d'ansia spesso si preoccupano troppo o hanno una sensazione di paura (che di solito dura 6 mesi o anche più a lungo). Questi sentimenti ansiosi possono derivare dalla scuola, dal posto di lavoro, dalle interazioni sociali, dalle relazioni personali e dalle finanze, per citare un paio di cause. Per tutti coloro che hanno ansia, tenere sotto controllo questi sentimenti può essere difficile, anche se riconoscono che le loro preoccupazioni o paure sono irrazionali.

2. Sentirsi agitati

Quando qualcuno si sente nervoso, una parte del suo sistema nervoso simpatico va in sovraccarico.

Questo dà il via a raffiche di effetti in tutto il corpo, come un impulso di corsa, mani sudate o tremanti e bocca secca.

Questi sintomi si manifestano perché la vostra mente crede che abbiate percepito un pericolo e sta preparando il vostro corpo a rispondere alla minaccia.

Il proprio corpo allontana il sangue dall'apparato digerente e lo dirige verso i muscoli nel caso in cui si debba correre o addirittura combattere. Aumenta anche la frequenza cardiaca e stimola i sensi.

Anche se questi effetti siano utili nel caso di una minaccia reale, possono essere debilitanti se la paura è tutta nella vostra testa.

Alcune ricerche suggeriscono che gli individui con disturbi d'ansia non possono attenuare il loro stato di allerta così velocemente come le persone senza disturbi d'ansia, che suggerisce che potrebbero provare le conseguenze dell'ansia per un periodo prolungato.

Il battito cardiaco accelerato, la sudorazione, il tremolio e la secchezza della bocca sono segni tipici dell'ansia. Gli individui con disturbi d'ansia possono sperimentare questo particolare tipo di stimoli per periodi prolungati.

Molti dei più comuni sintomi fisici dell'ansia coinvolgono il cuore. Di fronte a una situazione che sviluppa stress, una persona potrebbe vedere che la sua frequenza cardiaca aumenta o inizia ad essere irregolare. Queste sensazioni sono estremamente comuni durante gli attacchi di panico e per coloro che hanno difficoltà con un disturbo d'ansia sociale. Gli attacchi di panico sono generalmente di breve durata; tuttavia, tutti coloro che hanno un disturbo di panico li sperimentano spesso.

3. Inquietudine

L'irrequietezza è l'ennesimo sintomo tipico dell'ansia, soprattutto negli adolescenti e nei bambini.

Quando qualcuno prova inquietudine, spesso la spiega come una sensazione di "nervosismo" o come un "disagevole impulso a muoversi".

Uno studio su 128 bambini con diagnosi di disturbi d'ansia ha rilevato che il 74% ha riferito l'irrequietezza come uno dei loro principali sintomi d'ansia.

Mentre l'irrequietezza non si rileva nella maggior parte degli individui con ansia, è tra le spie di allarme che i medici spesso cercano quando fanno una diagnosi.

Nel caso in cui si verifichi irrequietezza nella stragrande maggioranza dei giorni per oltre 6 mesi, potrebbe essere indice di un disturbo d'ansia.

L'irrequietezza di per sé non è sufficiente per diagnosticare un disturbo d'ansia, tuttavia può essere un sintomo, soprattutto nel caso in cui si verifichi frequentemente.

4. Fatica

Diventare facilmente stanchi è un altro possibile segnale d'allarme del disturbo d'ansia generalizzato.

Questo sintomo può essere sorprendente per alcuni, poiché l'ansia è spesso associata alla lucidità e all'iperattività.

Per molti, la stanchezza può seguire un attacco d'ansia, mentre per altri la stanchezza può essere cronica.

Non si capisce se questa stanchezza sia dovuta a molti altri segni comuni di ansia, come l'insonnia o anche la tensione muscolare, o forse se possa essere collegata agli effetti ormonali dell'ansia cronica.

Tuttavia, dovete essere consapevoli che la stanchezza può anche indicare depressione o qualsiasi altro problema di salute, quindi la stanchezza da sola non è sufficiente per diagnosticare un disturbo d'ansia.

L'esaurimento è spesso indice di un disturbo d'ansia nel caso in cui sia accompagnato da troppe preoccupazioni. Tuttavia, può anche indicare altri disturbi della salute.

Anche quando qualcuno riesce ad addormentarsi e a riposare per un tempo sufficiente, chi è ansioso può sentirsi infelice e sperimentare la stanchezza per tutto il giorno o stancarsi rapidamente. L'ansia può essere emotivamente estenuante e può certamente rendere la giornata ancora più pesante. Quando si è stanchi, anche il proprio umore può soffrire e può portare alla depressione, una condizione spesso comorbida con i disturbi d'ansia.

5. Difficoltà di concentrazione

Molte persone con ansia riferiscono di avere difficoltà a concentrarsi.

Uno studio, che comprendeva 157 bambini e ragazzi con disturbi d'ansia generalizzata, ha scoperto che molto più di due terzi avevano problemi di concentrazione.

Un altro studio su 175 adulti con disturbi simili ha trovato che circa il 90% ha riferito di avere difficoltà di concentrazione. Peggiore era la loro ansia, più problemi avevano.

Diversi studi dimostrano che l'ansia può interrompere la memoria di lavoro, che è responsabile della conservazione di informazioni a breve termine. Questo potrebbe aiutare a descrivere il drammatico declino delle prestazioni che le persone sperimentano spesso durante i periodi di ansia elevata.

Tuttavia, la difficoltà di concentrazione può anche essere un segno di altri problemi di salute, come un disturbo da deficit di attenzione o anche la depressione, quindi non è una prova sufficiente per identificare un disturbo d'ansia.

La difficoltà di concentrazione può essere un indizio di un disturbo d'ansia, ed è un sintomo segnalato nella stragrande maggioranza delle persone a cui è stata diagnosticata la GAD.

6. Irritabilità

Molte persone con disturbi d'ansia sperimentano anche un'eccessiva irritabilità.

Secondo un recente studio che comprende più di 6mila adulti, oltre il 90% di tutti coloro che soffrono di un disturbo d'ansia generalizzato ha rivelato di sentirsi altamente irritabile nei periodi in cui il loro disturbo d'ansia era al suo picco.

Rispetto agli auto-diagnosticati, gli adulti di mezza età e i giovani adulti con un disturbo d'ansia generalizzato hanno riferito un'irritabilità più che doppia nella loro vita quotidiana.

Dato che l'ansia è legata a un'eccitazione troppo preoccupante ed elevata, non sorprende che l'irritabilità sia un sintomo comune.

Molte persone con disturbi d'ansia generalizzata riferiscono di sentirsi molto irritabili, soprattutto quando l'ansia è al culmine.

L'ansia può far sì che le persone si sentano spesso nervose. Occasionalmente, tutti coloro che si perdono nel pensiero di qualcosa di preoccupante potrebbero sentirsi presi alla sprovvista, o potrebbero arrabbiarsi facilmente e prendersela con gli altri quando sono stressati. Le persone che hanno difficoltà a gestire l'ansia possono anche vedere che perdono la pazienza molto più velocemente che in passato. Purtroppo, questo sintomo comune può essere dannoso per le interazioni e la vita sociale di una persona.

7. Muscoli tesi

Avere i muscoli tesi in molti giorni della settimana è un altro frequente sintomo di ansia.

Anche se la tensione muscolare è comune, non si capisce del tutto il motivo per cui è connessa con l'ansia.

È possibile che la tensione muscolare stessa aumenti la sensazione di ansia, ma è anche probabile che l'ansia porti ad un aumento della tensione muscolare, o che circa il 33% del fattore causi entrambe le cose.

Il trattamento della tensione muscolare con la terapia di rilassamento ha dimostrato di ridurre la preoccupazione nelle persone con un disturbo d'ansia generalizzata. Diversi studi dimostrano che è utile quanto la terapia cognitivo-comportamentale.

La tensione muscolare è legata all'ansia, ma il percorso del collegamento non è ben compreso. È stato dimostrato che il trattamento della tensione muscolare aiuta a ridurre i sintomi della preoccupazione.

8. Disturbi del sonno e del riposo

I disturbi del sonno sono legati a disturbi d'ansia.

Svegliarsi nel cuore della notte e avere difficoltà ad addormentarsi sono i due problemi solitamente segnalati.

Alcune ricerche indicano che l'insonnia durante l'infanzia può essere collegata allo sviluppo dell'ansia in un momento successivo della vita.

Uno studio che ha seguito quasi 1.000 bambini per più di vent'anni ha scoperto che avere l'insonnia durante l'infanzia è associato a un aumento del 60% del rischio di sviluppare un disturbo d'ansia all'età di 26 anni circa.

Mentre l'insonnia e l'ansia sono fortemente collegate, non è chiaro se l'insonnia contribuisca all'ansia, se l'ansia contribuisca all'insonnia, o entrambe le cose.

Ciò che è noto è che ogni volta che il disturbo d'ansia sottostante viene trattato, l'insonnia spesso si attenua.

È abbastanza comune per l'ansia tenere le persone sveglie la notte, in particolare la notte prima di un evento, il che aumenta la paura e la tensione. Dormire bene la notte può sembrare impossibile per molti individui che si trovano a girarsi e a rigirarsi nel letto a causa dell'ansia. Il sonno è importante per quasi tutte le prestazioni del corpo, come la salute mentale. In realtà, i problemi del sonno possono anche contribuire all'ansia e peggiorare le cose. Troverete diversi modi per migliorare le vostre abitudini di sonno. Tuttavia, tutti coloro che soffrono di grave ansia e insonnia possono trarre beneficio dalla consulenza di un medico che può suggerire un aiuto per il sonno.

9. Attacchi di panico

Il disturbo di panico è collegato ad attacchi di panico ricorrenti.

Gli attacchi di panico creano un'intensa e forte sensazione di paura che può essere debilitante.

Questa paura estrema è di solito accompagnata da battito cardiaco rapido, sudorazione, tremori, mancanza di respiro, senso di oppressione al petto, nausea, paura di crollare o di perdere il controllo.

Gli attacchi di panico possono verificarsi in modo isolato, ma possono indicare un disturbo di panico se si verificano in modo inaspettato e frequente.

Si stima che il 22% degli adulti americani subirà un attacco di panico ad un certo punto della sua vita. Tuttavia, solo il 3% circa li sperimenta abbastanza spesso da soddisfare i criteri per il disturbo di panico.

Gli attacchi di panico provocano sentimenti di paura estremamente intensi, accompagnati da sintomi fisici scomodi. I ricorrenti attacchi di panico possono essere indice di un disturbo di panico.

10. Sentirsi nervosi o spaventati da situazioni sociali imminenti.

Preoccupato di poter essere giudicato o esaminato da altri;
Paura di essere messi in imbarazzo o umiliati di fronte agli altri;
Stare lontano da certi eventi sociali a causa di queste paure.

Il disturbo d'ansia sociale è estremamente tipico e colpisce circa il 12% degli adulti americani ad un certo punto della loro vita.

L'ansia sociale tende a svilupparsi all'inizio della vita. In realtà, a circa il 50% di coloro che ne soffrono viene diagnosticato all'età di undici anni, mentre all'80% viene diagnosticato all'età di vent'anni.

Gli individui con ansia sociale possono apparire incredibilmente timidi e silenziosi in gruppo o quando incontrano nuove persone. Anche se all'esterno possono non sembrare preoccupati, all'interno provano un'intensa ansia e paura.

Questa freddezza può spesso far sembrare le persone con ansia sociale come se fossero stanche o snob, ma il disturbo è associato a bassa autostima, depressione eccessiva e autocritica.

L'isolamento e la paura di situazioni sociali possono indicare un disturbo d'ansia sociale, uno dei disturbi d'ansia più comunemente diagnosticati.

11. Paure irrazionali

Le paure estreme per cose specifiche, come i ragni, le altezze o gli spazi chiusi, potrebbero indicare una fobia.

Una fobia è definita come una grave paura o ansia per una certa situazione o un certo oggetto. La sensazione è abbastanza grave; interferisce con la capacità di vivere normalmente.

Alcune fobie comuni includono:

- Fobie degli animali: Paura di particolari insetti o animali
- Fobie dell'ambiente naturale: Paura di eventi naturali come inondazioni o uragani
- Fobie da iniezione, di sangue e lesioni: Paura di sangue, iniezioni, ferite o aghi
- Fobie situazionali: Paura di alcune situazioni come un aeroplano o un giro in ascensore

L'agorafobia è l'ennesima fobia che comporta la paura con un minimo di 2 dei seguenti contesti:

- Utilizzo dei trasporti pubblici
- Soggiornare in spazi aperti
- Essere in spazi pubblici
- In attesa alla fermata
- Essere in mezzo alla folla
- Stare da soli fuori casa

Le fobie colpiscono il 12,5% degli americani ad un certo punto della loro vita. Tendono ad apparire nell'infanzia o nell'adolescenza, e sono più diffuse nelle donne che nei maschi.

I timori irrazionali che interrompono la normalità quotidiana possono essere indice di una certa fobia. Troverete numerosi tipi di fobie, ma tutte includono comportamenti asociali e sentimenti di intensa paura.

12. Sudore e vampate di calore

Come negli esempi precedenti, molti dei segni e dei sintomi derivano da qualcosa di diverso. Per esempio, un aumento della temperatura corporea spesso deriva dalla frequenza cardiaca e dalla pressione sanguigna in aumento. Allo stesso modo, gli individui che sperimentano battiti cardiaci più alti mentre hanno sensazioni ansiose possono anche vedere che stanno sentendo più calore corporeo e iniziano a sudare, proprio come quando si fa esercizio fisico.

13. Tremore e scuotimento

Lo stress associato all'ansia può far sì che gli arti di un individuo tremino in modo incontrollato, soprattutto le mani. Troverete vari tipi di tremori, come quelli legati al morbo di Parkinson; tuttavia, quelli legati all'ansia sono di solito causati dall'adrenalina e dalla risposta di lotta o fuga. Anche se questa sensazione è temporanea, è comunque scomoda e può produrre più ansia e paura. Un individuo che mostra tremori potrebbe stare lontano da specifici fattori scatenanti.

14. Dolori al petto e respiro affannoso

Proprio come i cambiamenti di temperatura e di battito cardiaco, anche le persone con respiro affannoso possono essere colpite dall'ansia. Potrebbero sentirsi come se non riuscissero ad avere abbastanza ossigeno nei polmoni e provare una sensazione di dolore o addirittura di tensione al petto. Questo è classificato come dispnea, ed è un segno di numerosi problemi di salute, ma l'ansia può spiegare perché si verificano diversi segnali.

15. Sentimenti di sventura imminente o di terrore

L'ansia è spaventosa, ed è tipico dei singoli individui tentare di allontanarsi per evitare gli oggetti che potrebbero causarla.

Tuttavia, per coloro che non sanno di essere alle prese con attacchi di panico o ansia, questi particolari sintomi sono estremamente gravi e paralizzanti. Queste sensazioni ansiose possono, a volte, apparire anche dal nulla. Tuttavia, secondo l'American Psychological Association, questi sintomi spesso passano nel giro di un paio di minuti. Pur essendo spaventosi, non sono intrinsecamente dannosi e a volte sono sproporzionati rispetto agli eventi reali che scatenano panico e ansia.

Cosa si prova ad avere un disturbo d'ansia?

Se 2,6 miliardi di persone soffrissero di una malattia, si potrebbe pensare che ci siamo tutti abituati. La cifra rappresenta il 33,7% della popolazione mondiale. Inoltre, rappresenta la quota di quella popolazione che, ad un certo punto, soffrirà di un disturbo d'ansia, sulla base degli Istituti Nazionali di Sanità.

Per tutti questi miliardi, l'esperienza dell'ansia clinica può variare da una persistente sensazione di nervosismo, e una sorta di stretta su tutto il corpo, alla crisi paralitica di un attacco d'ansia completo. Tutto ciò è terribile; è uno stato dal quale si vuole fuggire - che di solito tende solo a peggiorare. Ma la maggior parte di esso è diagnosticabile, controllabile e, in ultima analisi, curabile. L'elemento principale è riconoscere se l'ansia sale al livello associato a una condizione medica e, in caso affermativo, cosa fare al riguardo.

L'ansia può essere un male, per definizione, ma questo non significa che sia solo un male. È un mondo minaccioso quello di oggi, e la vostra mente ha bisogno dei mezzi per attirare l'attenzione quando inciampate nel pericolo. Il compito è svolto da due regioni cerebrali: l'amigdala, situata in profondità nel lobo temporale del cervello; e la corteccia cerebrale, più grande e molto più complessa.

In linea con la sua profonda collocazione, l'amigdala elabora le semplici emozioni - paura, senso di colpa, rabbia, invidia - e le gestisce in modo irrazionale e rapido. La paura provocata da uno sconosciuto minaccioso e la paura che si prova in un film di paura fanno scattare l'allarme dell'amigdala, e lo fanno in 20 millisecondi - una grande cosa se il rischio è reale. La funzione di decidere va alla corteccia cerebrale, che organizza le cose in modo più freddo e risponde alla minaccia o magari spegne la sirena che l'amigdala ha fatto scattare.

Occasionalmente, tuttavia, l'allarme si blocca. La corteccia cerebrale può rimanere perplessa, cercando di distinguere i rischi reali da quelli esagerati: le maniglie delle porte sono portatrici di germi, quindi come si fa a sapere che quella che hai toccato non aveva qualcosa di mortale? La gente subisce l'umiliazione sociale alle feste e durante i discorsi; come puoi sapere che non sarai uno di loro?

Probabilmente i più comuni disturbi d'ansia riconosciuti includono:
- Disturbo d'ansia comune.
- Agorafobia (o paura di trovarsi in luoghi pubblici senza poter sfuggire).
- Disturbo d'ansia sociale.
- Disturbo post-traumatico da stress (PTSD).
- Fobie specifiche.
- Disturbo ossessivo-compulsivo (OCD).
- Disturbo d'ansia da separazione.

Non ci sono esami del sangue o scansioni cerebrali in grado di diagnosticare in modo definitivo nessuno di essi, ma qui ci sono quattro segni che potrebbero indicare patologie.

Avete un sacco di angoscia.

L'ansia è una questione di grado. Una cosa è essere nervosi prima di una presentazione o di un test cruciale o forse essere preoccupati per la propria salute quando la pandemia fa notizia. E nel caso in cui abbiate una sensibilità specifica - il volo, i dentisti, il lavoro in sala ad una festa affollata - è probabile che siate stretti quando una di queste situazioni si avvicina. Nel caso in cui la tensione consumi la vostra giornata, tuttavia, se affolla altri pensieri e se il dolore psichico passa da preoccupante a intenso, questo è un altro problema.

L'ansia impedirà alle persone di dormire; finiranno per piangerci sopra. Un esempio sono gli alunni che vomitano nei giorni che precedono un test.

In diversi casi, le emozioni cominciano ad essere così forti da portare ad un attacco di panico. Una sorta di ansia da pericolo che colpisce rapidamente e duramente, e che include sintomi come vertigini, battito cardiaco accelerato, o la paura e l'esperienza costante di perdere il controllo o addirittura di morire. Nel caso in cui si debba immediatamente preme sui freni e sterzare per stare lontani da una collisione, quel pugno sul cuore e il respiro rapido che si prova per un paio di minuti dopo è una sorta di attacco di panico. Nel contesto di un disturbo, tuttavia, si può iniziare a sentire la stessa cosa nel momento in cui si arriva ad una festa o in ufficio.

Il vostro panico è costante.

Un cervello ansioso impara costantemente, proprio come un cervello non ansioso. Ma il cervello stressato a volte impara i problemi sbagliati e fa molta fatica a disimpararli. Dopo aver deciso che le persone alle feste probabilmente ti giudicano, il tuo cervello può fissare quella lezione e ben presto generalizzarla a qualsiasi incontro personale. Idem, una paura ossessivo-compulsiva della malattia o addirittura il panico per la perdita o la separazione. Occasionalmente, soprattutto nei disturbi ossessivo-compulsivi, ci vorrà un evento traumatico - un momento sociale davvero imbarazzante, diciamo, un rispettabile spavento medico - perché il cervello crei una paura fissa.

Lasciate incustodite, queste ansie possono andare avanti per mesi e anni.

Stai lontano dalle cose a causa delle tue paure.

Tutti noi stiamo lontani dalle cose che temiamo o che forse non ci piacciono: si potrebbe potenzialmente passare tutta la vita senza montagne russe o film dell'orrore. Ma non hanno alcun impatto sulla vostra vita. Le ansie cominciano a cancellare gli oggetti che lo fanno. Potete temere di essere sottoposti a un esame medico a causa di quello che potreste scoprire, ma se non andate affatto dal vostro medico a causa di questo è un problema.

Gli individui che soffrono di fobia degli aerei possono, allo stesso modo, limitare il loro viaggio solo ai luoghi in cui possono guidare. Le persone con grandi sogni possono a volte accontentarsi di quelli più piccoli, poiché la loro ansia li trattiene. Ho dei coetanei che hanno frequentato la scuola di legge e volevano intraprendere una carriera nel campo del diritto penale, ma avevano paura di farlo davanti a un'aula di tribunale, così lavorano ai documenti in uno studio legale.

Le vostre preoccupazioni interferiscono con la vostra vita quotidiana.

In definitiva, un disturbo d'ansia può essere così intenso che il semplice affare della vita diventa compromesso. Le persone che soffrono di disturbo ossessivo-compulsivo possono aver bisogno di ore per uscire di casa al mattino perché i cuscini del letto non sono disposti correttamente. Il lavoro scolastico e il rendimento lavorativo possono essere compromessi perché il perfezionismo rende impossibile portare a termine un progetto o forse perché l'ansia sociale rende impossibile parlare con i colleghi o i compagni di classe. Le cose cominciano ad essere ancora peggiori quando i sintomi emotivi si traducono in sintomi fisici come mal di testa, perdita di sonno e appetito. La domanda che mi pongo prima di tutto è: "La sua ansia compromette il suo funzionamento?

L'ansia risponde molto bene alle cure professionali. Il trattamento può includere farmaci psicotropi come il Prozac o lo Zoloft, che possono ridurre il voltaggio del dolore. Questo potrebbe permettere di semplificare la pratica di tecniche di terapia cognitivo-comportamentale in cui gli individui sanno come parlare alla loro ansia, trasformare le loro paure in qualcosa di molto meno intenso e praticare tecniche di auto-assorbimento come la consapevolezza, la respirazione o la distrazione. L'esposizione lenta e costante alle stesse cose che la gente teme aiuta il cervello a distruggere la connessione tra la circostanza scatenante e il terrore che ne consegue.

Nessun imprenditore può vivere una vita non toccata dall'ansia. Ma con le capacità e l'aiuto adeguati, nessuno deve vivere una vita distrutta da essa.

Depressione e ansia nei bambini

Molti bambini hanno preoccupazioni e paure, e di tanto in tanto possono sentirsi senza speranza e tristi. A volte, durante lo sviluppo, possono apparire paure forti e diverse. Ad esempio, i bambini piccoli sono di solito molto angosciati per la lontananza dai loro genitori, anche se sono sicuri e curati. Sebbene le paure e le preoccupazioni siano comuni nei bambini, forme estreme o persistenti di tristezza e paura possono essere dovute alla depressione o all'ansia. Poiché i sintomi coinvolgono principalmente sentimenti e pensieri, si chiamano disturbi interiorizzanti.

Ansia

Quando un bambino non supera le preoccupazioni e le paure che sono normali nei ragazzi giovani, o quando ci sono molte paure e preoccupazioni che interferiscono con la scuola, la casa e le attività di gioco, il bambino potrebbe essere identificato come affetto da un disturbo d'ansia. Tra i vari tipi di disturbi d'ansia, ci sono:

- Essere molto spaventati quando si è lontani dai genitori (ansia da separazione)
- Avere una paura estrema di una certa situazione o di una certa cosa, come cani, insetti, o andare dal medico (fobie)
- Avere molta paura degli altri luoghi e della scuola dove ci sono persone (ansia sociale)
- Essere veramente preoccupati per il futuro e per le cose che stanno accadendo (ansia generale)
- Avere episodi ricorrenti di paura improvvisa, inaspettata, intensa, con sintomi come il battito cardiaco, difficoltà a respirare, vertigini, tremori, o sudore (disturbo di panico)

L'ansia si presenta come preoccupazione o paura, ma può anche rendere i bambini irritabili e arrabbiati. I sintomi dell'ansia possono anche includere difficoltà a dormire, oltre ai sintomi fisici come stanchezza, mal di testa o mal di stomaco. Alcuni bambini ansiosi tengono per sé le loro preoccupazioni e, quindi, i segni potrebbero non essere visibili.

Depressione

Occasionalmente essere tristi o sentirsi senza speranza è una componente della vita di ogni bambino. Tuttavia, alcuni bambini si sentono disinteressati o tristi per le cose di cui si divertivano, si sentono senza speranza o impotenti in situazioni che sarebbero in grado di cambiare. Quando i bambini si sentono persistentemente tristi e senza speranza, potrebbe essere loro diagnosticata la depressione.

Tra gli esempi di comportamenti che si vedono spesso nei bambini con depressione ci sono:

- Sentirsi tristi, senza speranza o irritabili per gran parte del tempo
- Non voler fare cose divertenti
- Mostrare differenze nei modelli alimentari - mangiare molto di più o molto al di sotto del solito
- Mostrare differenze nei modelli di sonno - dormire molto di più o molto al di sotto della norma.
- Mostrare cambiamenti di energia - essere stanchi e tesi o pigri e irrequieti per gran parte del tempo
- Avere difficoltà a prestare attenzione
- Sentirsi inutili o colpevoli.
- Mostrare un comportamento autodistruttivo e autolesionistico

La depressione estrema può portare un ragazzo a considerare il suicidio o un piano per il suicidio. Per i giovani di 10-24 anni, il suicidio è una delle principali cause di morte.

Alcuni bambini potrebbero non parlare dei loro pensieri di disperazione e impotenza, e potrebbero non apparire tristi. La depressione può anche far sì che un bambino crei problemi e si comporti in modo immotivato, facendo sì che gli altri non si rendano conto che il bambino è depresso, o che lo etichettino erroneamente come uno che crea problemi o è pigro.

Ho un disturbo d'ansia?

Nel caso in cui vi identifichiate con uno dei sette segni e sintomi seguenti, e semplicemente non scompaiano, potreste soffrire di un disturbo d'ansia:

- Sei stato costantemente teso, preoccupato o nervoso?
- La sua ansia ostacola il suo lavoro, la scuola e le responsabilità familiari?
- Sei afflitto da paure che sai essere irrazionali ma che non riesci a scrollarti di dosso?

- Pensi che succederà qualcosa di brutto se certe cose non vengono fatte in un modo specifico?
- Stai lontano dalle attività quotidiane o da situazioni che ti causano ansia?
- Sperimenti attacchi improvvisi e inaspettati di panico da cardiopalma?
- Ti senti come se il pericolo e la catastrofe fossero dietro ogni angolo?

È possibile avere ansia e depressione allo stesso tempo?

La depressione e l'ansia sono condizioni diverse, ma generalmente si verificano insieme. Hanno trattamenti simili.

Sentirsi giù o anche avere malinconia di tanto in tanto è tipico. E tutti si sentono ansiosi a volte - è una reazione standard a situazioni traumatiche. Ma sentimenti di ansia e depressione continui o gravi indicano un disturbo mentale di fondo.

L'ansia può manifestarsi come segno di depressione clinica. È anche comune avere una depressione causata da un disturbo d'ansia, come il disturbo d'ansia generalizzata, il disturbo di panico o il disturbo d'ansia da separazione. Molti individui hanno una diagnosi sia di disturbo d'ansia che di depressione clinica.

I sintomi di entrambe le condizioni di solito migliorano con la consulenza psicologica (psicoterapia), i farmaci come gli antidepressivi, o entrambi. Anche i cambiamenti dello stile di vita, come il miglioramento delle abitudini di sonno, l'aumento del sostegno sociale, l'uso di tecniche di riduzione dello stress e l'esercizio fisico regolare possono aiutare. Se soffrite di una delle due patologie, state lontani dalle droghe ricreative, dal fumo e dall'alcol. Possono rendere entrambe le condizioni ancora peggiori e interferire con il trattamento.

Qual è il collegamento?

La depressione e l'ansia possono manifestarsi contemporaneamente. È stato stimato che il 45% degli individui con un solo problema di salute mentale soddisfa i requisiti per due o forse più disturbi. Uno studio ha scoperto che la metà degli individui con ansia o depressione hanno un altro problema.

Anche se ogni patologia ha una causa, possono condividere sintomi simili e rimedi. Continuate a leggere per saperne di più, compresi i consigli di gestione e cosa aspettarvi da una diagnosi clinica.

Quali sono esattamente i sintomi di ogni situazione?

Alcuni segni di depressione e di ansia si sovrappongono, come il sonno, l'irritabilità e la difficoltà di concentrazione. Ma diverse differenze chiave aiutano a distinguerle.

Depressione

Sentirsi giù, triste, o sconvolto è normale. Può essere preoccupante sentirsi così per giorni interi o alcune settimane.

I cambiamenti comportamentali causati dalla depressione includono:

- Diminuzione di energia, stanchezza cronica o pigrizia frequente
- Difficoltà a concentrarsi, a prendere decisioni o a ricordare
- Dolore, crampi, o problemi gastrointestinali senza una causa chiara
- Variazioni di peso e di appetito
- Difficoltà a dormire, a svegliarsi presto o a dormire abbastanza

I sintomi psicologici della depressione includono:

- Perdita di interesse, non trovare piacere negli hobby e nelle attività
- Persistenti sentimenti di tristezza, ansia e vuoto
- Sentirsi senza speranza o pessimisti
- Rabbia, irritabilità e inquietudine
- Sentirsi in colpa o provare sentimenti di impotenza e inutilità
- Pensieri di suicidio o addirittura di morte
- Tentativi di suicidio

Ansia

L'ansia, la preoccupazione e la paura possono capitare a chiunque di tanto in tanto. Non è raro incontrare l'ansia prima di un grande evento o di una decisione importante.

Tuttavia l'ansia cronica può essere debilitante e portare a paure e pensieri irrazionali che interferiscono con la vita quotidiana.

Cambiamenti comportamentali e sintomi fisici causati da disturbi d'ansia generalizzata includono:

- Sentirsi stanchi facilmente
- Difficoltà di attenzione e concentrazione
- Tensione muscolare
- Tachicardia
- Digrignare i denti
- Difficoltà di sonno, compresi i problemi che fanno cadere nel sonno, riposo inquieto e insoddisfacente

I sintomi psicologici dell'ansia includono:

- Irrequietezza, irritabilità, e sensazione di nervosismo

- Difficoltà a controllare la paura e la preoccupazione
- Paura
- Panico

Depressione

Perdere un amico o un membro della famiglia, essere licenziati da un lavoro, subire una separazione o un divorzio, insieme ad altre circostanze difficili, possono portare un individuo a sentirsi spaventato, solo e triste. Questi sentimenti sono le solite reazioni ai fattori di stress della vita. Molte persone pensano che a volte siano tristi e meschine. Tuttavia, in individui identificati come affetti da depressione come disturbo psichiatrico, i sintomi del basso umore sono molto peggiori e tendono a persistere.

La depressione si verifica più frequentemente nelle femmine che nei maschi. Alcuni cambiamenti nel modo in cui l'umore depresso si manifesta si basano sull'età e sul sesso. Nei maschi si manifesta spesso come stanchezza, rabbia e irritabilità. Essi possono mostrare un comportamento più sconsiderato e abusare di droghe e alcol. Sembra anche che non si rendano conto di essere depressi e non cerchino aiuto. Nelle donne, la depressione tende a manifestarsi come tristezza, senso di colpa e inutilità. Nei bambini piccoli, la depressione è molto più adatta a manifestarsi come rifiuto scolastico, ansia quando sono separati dai genitori e preoccupazione per la morte dei genitori. Gli adolescenti depressi tendono a diventare imbronciati e irritabili a scuola. Spesso hanno anche ansia comorbida, disturbi alimentari o forse abuso di sostanze. Negli adulti più anziani, la depressione può manifestarsi in modo sottile, poiché è probabile che non confessino i loro sentimenti di tristezza o di dolore. Anche le malattie mediche che sono più diffuse in questa popolazione contribuiscono o forse causano depressione.

Tipi di depressione

Troverete vari tipi di disturbi depressivi e, pur riscontrando numerose somiglianze tra loro, ogni disturbo depressivo ha una serie di segni particolari.

Il tipo di depressione solitamente diagnosticato è il Disturbo Depressivo Maggiore. Nel 2017, circa 17,3 milioni di persone di età pari o superiore ai diciotto anni negli Stati Uniti hanno avuto un episodio depressivo grave nell'ultimo anno, pari al 6,7% di tutti gli adulti americani. La depressione è la principale causa di disabilità negli Stati Uniti tra le persone di età compresa tra i 15 e i 44 anni. Consultate il sito del SAMSHA per le statistiche del National Survey on Health (Indagine nazionale sulla salute) del 2017 e sul consumo di droghe.

La depressione maggiore è caratterizzata da un minimo di 5-9 sintomi comuni. Tra i segni deve esserci o una sensazione travolgente di tristezza o anche una perdita di piacere e di interesse per la maggior parte delle attività abituali. Gli altri indicatori collegati alla depressione maggiore includono un aumento o una diminuzione dell'appetito, insonnia, pigrizia, stanchezza costante, sentimenti di inutilità o senso di colpa inappropriato. Pensieri ricorrenti di suicidio e morte senza piani specifici per il suicidio, difficoltà cognitive, una ridotta capacità di pensare, concentrarsi e prendere decisioni. Le indicazioni devono persistere per due settimane o anche più a lungo, e rappresentano un cambiamento sostanziale rispetto al funzionamento precedente. Le funzioni sociali, educative, professionali o qualsiasi altra funzione importante sono influenzate da un grave disturbo depressivo. Ad esempio, l'individuo può iniziare a perdere la scuola o il lavoro, smettere di frequentare le lezioni o le normali attività sociali.

Un altro tipo di depressione è noto come Disturbo depressivo persistente (distimia). La caratteristica essenziale di questo disturbo dell'umore è un umore basso, triste o cupo, che è costantemente presente per quasi tutto il giorno. E per molti giorni, per un minimo di due anni (gli adolescenti e i bambini possono provare un'irritabilità predominante, e l'umore persiste per un minimo di un anno). Perché una persona possa essere identificata con un disturbo depressivo persistente, deve avere anche 2 dei sintomi diagnostici: scarso appetito o eccesso di cibo, insonnia, stanchezza, bassa autostima, scarsa concentrazione, difficoltà a prendere decisioni, o pensieri di disperazione. Durante questo periodo, ogni intervallo senza sintomi non dura più di due mesi. I sintomi sono significativamente meno intensi come nel caso della depressione maggiore. La depressione maggiore può portare a disturbi depressivi persistenti e ad episodi depressivi maggiori, che possono verificarsi anche durante un disturbo depressivo persistente.

Il disturbo disforico premestruale è un'altra dimostrazione della depressione che è un'estensione grave e spesso disabilitante della sindrome premestruale (PMS). Anche se il regolare disturbo premestruale e la sindrome premestruale disforica (PMDDD) hanno entrambi sintomi emotivi e fisici, i cambiamenti di umore della PMDDD sono molto più gravi. Possono disturbare il sociale, il lavoro, insieme ad altre aree essenziali del funzionamento. Sia nella PMS che nella PMDDD, i sintomi iniziano di solito da 7 a 10 volte prima dell'inizio del ciclo mestruale e continuano per i primi due giorni del ciclo. Sia la sindrome premestruale che la sindrome premestruale disforica possono anche provocare dolore al seno, stanchezza, gonfiore e cambiamenti nelle abitudini alimentari e nel sonno. La PMDDD è caratterizzata da sintomi comportamentali ed emotivi più gravi, come la disperazione o la tristezza, la tensione o l'ansia, l'umore estremo, la rabbia o l'irritabilità.

Alcune condizioni di salute possono scatenare sintomi depressivi negli individui. Questo si chiama disturbo depressivo come risultato di un altro problema medico. I disturbi del sistema riproduttivo e del sistema endocrino sono solitamente associati a sintomi depressivi. Ad esempio, gli individui con livelli più bassi di ormoni tiroidei spesso soffrono di stanchezza, perdita di memoria, irritabilità, aumento di peso e basso umore. Quando l'ipotiroidismo viene curato, spesso riduce la depressione. La sindrome di Cushing è un altro disturbo ormonale, indotto da livelli eccessivi di cortisolo ormonale, con conseguenti sintomi depressivi. Tutte le altre condizioni che portano alla depressione includono malattie come l'HIV/AIDS, l'ictus, il diabete, il morbo di Parkinson, ecc.

Il Disturbo dell'Adattamento con l'Umore Depresso viene identificato quando le indicazioni di depressione sono innescate entro tre settimane dall'arrivo di un fattore di stress. Il fattore di stress richiede di solito un cambiamento di qualche tipo nella durata della vita dell'individuo che egli trova stressante. Occasionalmente il fattore di stress può essere un evento positivo, come un lavoro nuovo di zecca, il matrimonio e un figlio, che è stressante per la persona. Il disagio è tipicamente sproporzionato rispetto alla risposta prevista, e i sintomi causano un notevole deterioramento e disagio nel funzionamento. I sintomi si risolvono di solito entro sei mesi se l'individuo inizia ad affrontare e ad adattarsi al fattore di stress, o se il fattore di stress viene rimosso. Il trattamento tende ad essere limitato nel tempo, semplice e leggero, poiché un sostegno aggiuntivo durante il periodo stressante aiuterà la persona a riprendersi e ad adattarsi.

Un altro tipo di depressione è legato ai cambiamenti nella durata dei giorni o della stagionalità. Questo particolare tipo di depressione è noto come Disturbo affettivo stagionale (SAD). Le persone affette da SAD soffrono di un disturbo depressivo maggiore solo in un particolare periodo dell'anno, di solito l'inverno.

Disturbi d'ansia e depressione: Non lo stesso

I disturbi di depressione e d'ansia sono unici, ma le persone con depressione spesso sperimentano sintomi molto simili a quelli di un disturbo d'ansia, come l'irrequietezza, l'irritabilità e i problemi di sonno e concentrazione. Ma ogni disturbo ha delle cause e dei propri sintomi mentali e comportamentali.

Molti individui che sviluppano la depressione hanno una storia di un disturbo d'ansia in precedenza nella vita. Semplicemente non ci sono prove che un disturbo ne causi un altro, ma è chiaro che molte persone soffrono di entrambi i disturbi.

Nel prossimo capitolo esamineremo come trattare e alleviare l'ansia con attività, terapia e farmaci.

Capitolo 3

Attività e trattamento per alleviare l'ansia

"La salute mentale non è una destinazione, ma un processo. Si tratta di come si guida, non di dove si va". (Noam Shpancer, PhD)

Oltre ai farmaci e alle terapie, nella vostra routine quotidiana potete anche svolgere attività divertenti per aiutarvi a superare l'ansia. Abbiamo tutti modi diversi di affrontare la situazione. In questo capitolo imparate a conoscere i diversi hobby che potete provare a casa per mantenere i vostri pensieri creativi, e tenere la vostra mente occupata per evitare di pensare troppo e di preoccuparvi! Alcuni farmaci sono consigliati da medici professionisti, e vanno assunti solo quando vengono prescritti.

Preparare il pane da zero o migliorare la calligrafia può sembrare solo un passatempo divertente - ma può anche essere rilassante e benefico, in particolare per gli individui che cercano di alleviare lo stress dell'ansia occasionale.

Sulla base di uno studio, le persone che hanno trascorso del tempo in un'attività creativa ogni giorno hanno avuto nel complesso migliori sensazioni di benessere psicologico positivo, rispetto alle persone che non hanno partecipato a rituali creativi quotidiani.

Sia che si tratti di dedicare del tempo alla pratica dello yoga o anche di acquisire una nuovissima abilità artistica, ci sono un sacco di buoni metodi per fare una pausa, eliminare lo stress e possibilmente alleviare i sentimenti di ansia.

È fondamentale essere consapevoli che i sentimenti occasionali di ansia non sono necessariamente correlati con i disturbi d'ansia diagnosticati dal medico e riconosciuti dall'Istituto Nazionale di Salute Mentale. Di conseguenza, gli hobby che possono aiutare a gestire sentimenti inaspettati di stress o ansia non sono necessariamente raccomandazioni di salute per affrontare i disturbi d'ansia.

Attività per ridurre l'ansia

Considerate la possibilità di incorporare lo yoga nella vostra vita.

La pratica dello yoga può dare risultati fisici come il miglioramento della postura e la tonificazione dei muscoli. Tuttavia, l'antico esercizio mente-corpo può anche godere di una pletora di possibili benefici emotivi e mentali - come la riduzione dello stress e la capacità di controllare i sentimenti di ansia.

Lo yoga può anche aiutare le persone a dormire meglio e ad affrontare i sintomi dell'ansia causati da situazioni di vita difficili.

I principianti possono sperimentare vari tipi di yoga, come il Vinyasa yoga, che è focalizzato sul coordinamento dei movimenti con il lavoro di respirazione ed è fatto su misura per gli individui di livello base; e il power yoga, che di solito comporta pose più difficili.

Inoltre è possibile trovare molte strategie per praticare lo yoga gratuitamente a casa e con poche attrezzature. I canali YouTube hanno un sacco di video tutorial totalmente gratuiti, con routine che durano quindici minuti, e pratiche più lunghe che richiedono più di un'ora.

Trascorrete il tempo a cucinare o preparate una cosa che avete intenzione di provare.

C'è qualcosa nel raccogliere gli ingredienti, nel passare il tempo in cucina e nel produrre un capolavoro commestibile che, anche nel caso in cui non sia perfetto, può rendere la cottura al forno un'attività preferita e confortante per alcuni.

Gli individui alla ricerca di ispirazione per la cucina potrebbero creare una pagnotta da zero, fare una ricetta per il pane alle banane, o tentare di ricreare una delizia Disney a casa come i bignè a forma di Topolino, o le patatine fritte vegane.

Coltivate fiori, verdure, erbe aromatiche o semplicemente aggiungete del verde al vostro spazio vitale.

Imparare a prendersi cura delle piante, sia che si tratti di una pianta grassa che richiede poche attenzioni, o magari annaffiando basilico e menta, è spesso un hobby gratificante e rilassante.

Secondo una società di piante, non è necessario avere un ampio spazio all'aperto per il giardinaggio per ottenere i benefici di stare intorno al verde. Per esempio, si ritiene che le piante da interno aiutino ad assorbire le tossine nell'aria.

Creare un terrario fai da te può essere un metodo semplice per incorporare il verde in un piccolo spazio vitale.

Considerate la possibilità di provare un metodo lento e dettagliato per gli appassionati di caffè - come fare il caffè Dalgona o l'infusione fredda fatta in casa.

Il caffè Dalgona è diventato popolare sulla piattaforma di condivisione video TikTok ed è diventato la bevanda a base di caffè più usata della primavera. Richiede caffè istantaneo, zucchero, acqua calda, latte e un frullatore o un mixer.

Il complesso processo potrebbe essere piacevole e rilassante per alcune persone, a cui dedicare un po' di tempo al mattino presto o magari per uno spuntino pomeridiano.

Diversi metodi di preparazione del caffè potrebbero rendere più rilassanti i rituali - come fare un infuso freddo fatto in casa o abbandonare la macchina Keurig per un bicchiere di caffè pressato francese, che richiede pazienza insieme a un processo più lento rispetto alla normale tazza istantanea.

Impegnatevi sperimentando la scrittura moderna a mano o la calligrafia.

Lasciatevi ispirare dai creatori di YouTube, i cui tutorial mostrano come si può praticare il lettering a mano con pennarelli colorati, penne e acquerelli.

Per un percorso più convenzionale, provate ad imparare il modo di scrivere con una penna calligrafica e inchiostro.

Usate le vostre abilità di scrittura recentemente scoperte scrivendo un biglietto ad un amico, in un diario, o anche prendendo appunti per il lavoro o la scuola - o semplicemente per divertimento.

Per quanto semplice possa sembrare come esercizio, anche la colorazione si ritiene che abbia diversi benefici per la salute mentale.

Passare il tempo a riempire un libro da colorare pieno di disegni intricati può essere una distrazione divertente - ha anche il potenziale di produrre diversi benefici per la salute mentale, secondo uno studio del 2017.

I ricercatori che hanno fatto lo studio hanno trovato che i partecipanti alle attività di colorazione quotidiana hanno mostrato "livelli significativamente più bassi di segnali depressivi e di ansia dopo l'intervento" rispetto ai partecipanti di controllo, che non hanno mostrato risultati simili.

Lo studio ha concluso che la colorazione quotidiana potrebbe migliorare alcuni risultati psicologici negativi.

L'apprendimento di una tecnica di cucito e ricamo può essere uno sbocco rilassante e creativo.

Il processo di ricamare a mano il tessuto, per creare disegni intricati, può essere un hobby piacevole per gli individui che cercano un'attività coinvolgente ma creativa.

La produzione di candele può essere profumata e rilassante, con un nuovo pezzo di arredamento per la casa.

Gli appassionati di artigianato possono provare a creare la loro candela personale, utilizzando un vaso di vetro pulito e vuoto, e seguendo dei tutorial che richiedono un minimo di rifornimenti - tra cui uno stoppino, cera, bastoncini di legno, acqua calda e oli essenziali. La maggior parte dei quali può essere trovata nei negozi di artigianato oppure online.

Alcune marche vendono anche la loro candela, realizzando dei kit con tutti gli articoli richiesti.

I modi per smettere di sentirsi ansiosi in questo momento

Mentre è tipico diventare ansiosi per un cambiamento cruciale della vita o un evento, circa 40 milioni di americani soffrono di un disturbo d'ansia, che è molto di più della paura o della preoccupazione occasionale. I disturbi d'ansia possono variare da un disturbo d'ansia generalizzato (GAD), che è una preoccupazione intensa che non si può controllare, al disturbo di panico - episodi improvvisi di paura, insieme a palpitazioni cardiache, tremori e sudorazione.

È essenziale, per tutti coloro che soffrono di disturbi d'ansia, esplorare strategie che aiutino a gestire e ridurre l'ansia a lungo termine, come la terapia della parola o i farmaci. Ma tutti potrebbero trarre vantaggio da altri metodi per ridurre al minimo l'ansia e lo stress con un cambiamento di stile di vita, tra cui una dieta equilibrata, limitare la caffeina e l'alcool e prendersi del tempo per se stessi.

Inoltre ci sono azioni che si possono compiere nel momento in cui l'ansia comincia a prendere piede. Provate questi dieci suggerimenti sostenuti da esperti per rilassare la testa e aiutarvi a riprendere il controllo delle vostre emozioni.

1. Rimanete nel vostro fuso orario.

L'ansia è uno stato d'animo orientato al futuro. Così, invece di preoccuparsi di ciò che sta per accadere, "si ritorna al presente". Chiedete a voi stessi: cosa sta succedendo in questo momento? Sono sicuro? C'è qualcosa che devo fare in questo momento? Se no, prendete un "appuntamento" per mettervi in contatto con voi stessi più tardi nella giornata per rivedere le vostre preoccupazioni, in modo che questi scenari lontani non vi portino fuori strada.

2. Relegare ciò che sta accadendo.

Gli attacchi di panico potrebbero farvi sentire come se steste morendo o magari avendo un attacco di cuore. Ricordatelo a voi stessi: "Ho un attacco di panico, ma è innocuo, è a breve termine e non c'è niente da fare". Inoltre, tenete sempre presente che è l'esatto opposto di un segno di morte imminente: il vostro corpo attiva la sua risposta di lotta o di fuga, il sistema che vi terrà in vita.

3. Controllate i vostri pensieri.

Gli individui che soffrono di ansia spesso si fissano sugli scenari peggiori. Per combattere queste preoccupazioni, considerate quanto siano realistiche. Dite di essere nervosi per una grande presentazione al lavoro. Piuttosto che pensare: "Sto per esplodere", per esempio, dite: "Sono ansioso, ma sono preparato. Alcune cose andranno bene, altre no". Entrare in uno schema di ripensamento delle proprie paure aiuta ad allenare la mente a pensare a un modo logico per affrontare i propri pensieri ansiosi.

4. Inspirare ed espirare.

La respirazione profonda aiuta a calmarsi. Anche se avete letto di specifici esercizi di respirazione, non dovete preoccuparvi di contare un numero specifico di respiri. Al contrario, concentratevi semplicemente sull'inspirazione e sull'espirazione in modo uniforme. Questo aiuta a rallentare e a ricentrare la mente.

5. Fare la regola 3-3-3.

Osservate tutto ciò che vi circonda e nominate tre cose che vedete. Poi, nominate tre suoni che sentite. Infine, muovete tre parti del corpo - braccio, dita o caviglia. Ogni volta che sentite il vostro cervello andare a cento miglia all'ora, questo trucco mentale può aiutare a concentrare la vostra mente, portandovi al momento attuale.

6. Fate qualcosa.

Alzarsi, fare una passeggiata, gettare togliere sporcizia dalla scrivania - qualsiasi azione che rompa il vostro treno del pensiero vi aiuta a ritrovare la sensazione di controllo.

7. "Stai dritto".

Quando siamo nervosi, proteggiamo la parte superiore del nostro corpo - esattamente dove si trovano il nostro cuore e i polmoni - con la gobba. Per un rapido antidoto fisico a questa reazione naturale, tirare le spalle indietro, stare in piedi o sedersi con le gambe divaricate, e aprire il petto. Questo permette al vostro corpo di iniziare a sentire di avere il controllo.

8. Evitare lo zucchero.

Potrebbe essere invitante cercare qualcosa di dolce quando si è stressati, ma quella barretta di cioccolato può fare molto più male che bene, poiché le ricerche dimostrano che il consumo di molto zucchero può peggiorare i sentimenti ansiosi. Piuttosto che aprire la ciotola delle caramelle, bevete una tazza d'acqua o mangiate proteine, che offriranno un'energia lenta, il vostro corpo può farne uso per riprendersi.

9. Chiedere un altro parere.

Chiamate o mandate un messaggio a un amico, o magari a un membro della famiglia, e affrontate con loro le vostre preoccupazioni. Dirle ad alta voce ad un'altra persona può permettervi di vederle chiaramente per quello che sono. Può anche aiutare a capire le vostre paure e a definirle.

10. Guarda un video interessante.

Quest'ultima tattica potrebbe essere la più semplice di tutte: prendete spunto dai filmati del vostro comico preferito o magari da un divertente programma televisivo. Ridere è un'ottima ricetta per una mente ansiosa. Uno studio suggerisce che la risata è carica di molti benefici per la nostra salute psicologica e il nostro benessere; uno studio ha scoperto che l'umorismo può aiutare a ridurre l'ansia quasi come (o molto più di) l'esercizio fisico.

Trattamenti per l'ansia

La cura di una persona affetta da ansia dipende dalla natura del disturbo d'ansia e dalle preferenze individuali. Spesso il trattamento combina vari tipi di farmaci e di terapia.

La dipendenza da alcol, la depressione e altri disturbi possono, a volte, avere un legame così forte con l'ansia in alcuni individui che il trattamento di un disturbo d'ansia deve aspettare fino a quando un professionista non gestisce le condizioni di base.

L'identificazione dei sintomi dei sentimenti ansiosi che si sviluppano e il controllo della condizione senza assistenza medica deve essere il primo punto di riferimento.

Tuttavia, se questo non riduce l'impatto dei sintomi dell'ansia o se l'insorgenza è grave o improvvisa, sono disponibili vari altri trattamenti.

Auto-trattamento

In alcuni casi, una persona può gestire l'ansia a casa senza supervisione clinica. Tuttavia, questo può essere limitato a periodi di ansia più piccoli e meno gravi.

I medici raccomandano diverse tecniche ed esercizi per affrontare attacchi d'ansia concentrati o brevi, tra cui:

- Gestione dello stress: Limitare i potenziali trigger gestendo i livelli di stress. Tenete d'occhio le scadenze e le pressioni, organizzate compiti noiosi in elenchi di cose da fare e prendetevi il tempo che vi basta per liberarvi dagli obblighi educativi o professionali.
- Tecniche di rilassamento: Alcune misure possono aiutare a ridurre i sintomi dell'ansia, tra cui esercizi di respirazione profonda, yoga, meditazione, lunghi bagni e riposo al buio.
- Attività per sostituire i pensieri negativi con quelli positivi: Annotare una lista di tutti i pensieri negativi e fare un'altra lista di pensieri positivi per cambiarli. Visualizzare se stessi affrontando e vincendo con successo una paura specifica può aiutare, se i sintomi dell'ansia si collegano a un fattore di stress specifico.
- Rete di supporto: Parlare con una persona disponibile, come un parente o un amico. State lontani dal conservare e dal reprimere i sentimenti ansiosi, perché questo può intensificare i disturbi d'ansia.
- Esercizio: Lo sforzo fisico e uno stile di vita attivo possono aumentare l'immagine di sé e innescare il rilascio di sostanze chimiche nel cervello che attivano le emozioni positive.

Terapia e consulenza

La terapia standard per l'ansia comprende la terapia psicologica e la consulenza.

Questo può includere la psicoterapia, come la terapia cognitivo-comportamentale (una combinazione o cbt) e consulenza.

La CBT cerca di riconoscere e alterare i modelli di pensiero dannosi, che possono scatenare un disturbo d'ansia e sentimenti fastidiosi, limitare il pensiero distorto, e alterare la scala e l'intensità delle reazioni ai fattori di stress.

Questo può aiutare le persone a gestire il modo in cui il loro corpo e la loro mente reagiscono a specifici fattori scatenanti.

La psicoterapia è una terapia aggiuntiva che consiste nel parlare con un professionista della salute mentale esperto e lavorare alla radice di un disturbo d'ansia.

Le sessioni potrebbero esplorare i fattori scatenanti di possibili meccanismi di superamento e di ansia.

Farmaci

Molti tipi di farmaci possono aiutare a sostenere il trattamento di un disturbo d'ansia.

Altri farmaci potrebbero aiutare a gestire diversi sintomi psicologici e fisici. Questi includono:

I triciclici: Questa è una classe di farmaci che hanno dimostrato effetti utili su molti disturbi d'ansia a parte il disturbo ossessivo-compulsivo (OCD). Questi farmaci sono noti per causare effetti collaterali indesiderati, come sonnolenza, vertigini e aumento di peso.

Benzodiazepine: Queste sono offerte solo su prescrizione medica, tuttavia potrebbero essere estremamente coinvolgenti e non sono quasi mai la prima linea di farmaci. Il diazepam, o il Valium, sono un buon esempio delle stesse benzodiazepine per i soggetti con ansia.

Antidepressivi: La gente usa sempre più spesso gli antidepressivi per gestire la depressione; essi inoltre sono presenti nella gestione di molti disturbi d'ansia. Gli inibitori della ricaptazione della serotonina (SSRI) sono un'opzione, e hanno meno effetti collaterali degli antidepressivi più vecchi. Sono ancora in grado di causare disfunzioni sessuali e nausea all'inizio del trattamento. Alcuni tipi includono citalopram e fluoxetina.

Altri farmaci che possono ridurre l'ansia includono:

- Beta-bloccanti
- Inibitori della monoammino ossidasi (IMAO)
- Buspirone

L'interruzione di alcuni farmaci, in particolare gli antidepressivi, può provocare sintomi di astinenza, tra cui lo zapping cerebrale. Si tratta di dolorosi scossoni alla testa che sembrano scosse elettriche.

Per una pianificazione individuale per cambiare il proprio approccio al trattamento dei disturbi d'ansia, dopo un lungo periodo di assunzione di antidepressivi, si dovrebbe consultare il proprio medico sul modo migliore per passare ad altri farmaci.

Se si verificano effetti gravi, indesiderati o inaspettati dopo l'assunzione di qualsiasi farmaco prescritto, assicurarsi di aggiornare il medico.

Prevenzione

Anche se i sentimenti ansiosi saranno presenti nella vita di tutti i giorni, troverete il modo di ridurre il rischio di un disturbo d'ansia su larga scala.

Adottare i passi precedenti aiuterà a tenere sotto controllo i sentimenti ansiosi e ad arrestare lo sviluppo di un disturbo, tra l'altro:

- Consumare meno caffeina, soda, tè e cioccolato.
- Consultare un medico prima di utilizzare farmaci da banco
- Mantenere una dieta sana.
- Regolari modelli di sonno possono essere utili.
- Evitare l'alcol e qualsiasi altra droga ricreativa come la cannabis.

In conclusione

Il trattamento di un disturbo d'ansia si concentra sulla terapia mentale, sugli adattamenti dello stile di vita e sui farmaci. Il trattamento sarà diverso per ogni individuo in base al tipo di disturbo d'ansia che ha e alla presenza di eventuali condizioni di base.

L'autogestione è il primo passo per affrontare i sentimenti ansiosi e di solito comporta tecniche di rilassamento, uno stile di vita attivo e una buona gestione del tempo. Se queste azioni non portano a reazioni ansiose sotto controllo, rivolgetevi a un operatore sanitario e cercate altre vie di cura.

Se le reazioni ansiose sono gravi fin dall'inizio, per esempio, considerando il tipo di attacchi degli panico, chiedere una cura.

Le terapie psicologiche, inclusa la CBT, possono aiutare gli individui ad adattare il modo in cui rispondono agli eventi di vita stressanti, ai fattori scatenanti e la scala della reazione. Possono anche aiutare a limitare il pensiero distorto e a cambiare i pensieri negativi.

I farmaci che possono supportare il trattamento includono farmaci triciclici, beta-bloccanti, antidepressivi e benzodiazepine. Parlate con un medico di eventuali gravi effetti collaterali o sintomi di astinenza dopo l'interruzione.

Terapia per i disturbi d'ansia

Sia che si soffra di attacchi di panico, pensieri ossessivi, preoccupazioni inarrestabili o una fobia inabilitante, bisogna riconoscere che non si ha bisogno di affrontare la paura e l'ansia. Il trattamento può aiutare, e per molti disturbi d'ansia la terapia è di solito la soluzione migliore. Questo perché la terapia dell'ansia - a differenza dei farmaci per l'ansia - tratta molto di più che i sintomi del problema. La terapia può permettervi di scoprire le cause alla base delle vostre paure e preoccupazioni, scoprire come rilassarvi, guardare le situazioni in modi nuovi e meno spaventosi e sviluppare una migliore capacità di affrontare e risolvere i problemi. La terapia vi offre gli strumenti per superare l'ansia e vi insegna come utilizzarli.

I disturbi d'ansia differiscono in modo significativo, quindi la terapia dovrebbe essere personalizzata in base alla diagnosi e ai sintomi specifici.

Se soffrite di disturbo ossessivo-compulsivo (OCD), nel caso specifico, il vostro trattamento sarà completamente diverso da quello di una persona che ha bisogno di assistenza per gli attacchi d'ansia. La durata della terapia dipenderà dal tipo e dalla gravità del vostro disturbo d'ansia. Tuttavia molte terapie ansiose sono relativamente brevi. In base all'American Psychological Association, molti individui migliorano in modo significativo nell'arco di 8-10 sedute di terapia.

Per il trattamento dell'ansia vengono utilizzati molti metodi terapeutici diversi, gli approcci principali sono la terapia cognitivo-comportamentale (CBT) e la terapia di esposizione. Ogni terapia può essere utilizzata in modo indipendente o magari abbinata a diversi tipi di terapia. La terapia dell'ansia può essere condotta separatamente, o si può applicare in un team di individui con problemi di ansia simili. Ma l'obiettivo è lo stesso: ridurre i livelli di ansia, calmare la mente e vincere le proprie paure.

Terapia cognitivo-comportamentale (CBT) per l'ansia

La terapia cognitivo-comportamentale (CBT) è considerata la terapia più utilizzata per i disturbi d'ansia. Uno studio ha dimostrato che è efficace nel trattamento del disturbo di panico, delle fobie, del disturbo d'ansia sociale e del disturbo d'ansia generalizzato, tra molte altre patologie.

Il CBT affronta i modelli negativi e le distorsioni nel modo in cui guardiamo al mondo e a noi stessi. Ciò comporta due componenti principali:

- La terapia cognitiva esamina come i pensieri negativi o le cognizioni contribuiscono all'ansia.
- La terapia comportamentale esamina il modo in cui ci si comporta e si reagisce in situazioni che scatenano l'ansia.

La premessa fondamentale della CBT è che i nostri pensieri - non gli eventi esterni - influenzano il nostro modo di sentire. In parole povere, non è la situazione in cui ci si trova a determinare come ci si sente, ma la percezione delle circostanze.

Per esempio, immaginate di essere stati invitati ad una grande festa. Considerate tre diversi metodi per valutare l'invito, e come questi pensieri influenzerebbero le vostre emozioni.

Pensiero impegnativo in CBT per l'ansia

La sfida del pensiero - chiamata anche ristrutturazione cognitiva - è una procedura che mette in discussione i modelli di pensiero negativo che si aggiungono all'ansia, sostituendoli con pensieri migliori e realistici. Questo richiede tre fasi:

Identificare i vostri pensieri negativi. Con i disturbi d'ansia, le situazioni sono percepite come molto più dannose di quanto non lo siano. A qualcuno che soffre di fobia dei germi, per esempio, stringere la mano di un'altra persona può sembrare una minaccia per la vita. Anche se si potrebbe rapidamente capire che si tratta di una paura irrazionale, identificare pensieri irrazionali e spaventosi può essere piuttosto difficile. Una tattica è di solito quella di chiedersi a cosa stavate pensando quando avete iniziato a sentirvi ansiosi. Il vostro terapeuta vi aiuterà in questo passo.

Mettere in discussione i vostri pensieri negativi. Nella fase successiva, il vostro terapeuta vi insegnerà esattamente come valutare i vostri pensieri ansiosi. Ciò implica mettere in discussione la prova dei vostri pensieri spaventosi, analizzare le convinzioni inutili e verificare la realtà delle cattive previsioni. Le strategie per sfidare i pensieri negativi includono: fare esperimenti, soppesare i vantaggi e gli svantaggi di preoccuparsi, o stare lontani da ciò che si teme e capire le probabilità realistiche che si verifichi ciò per cui si è nervosi.

Sostituire i pensieri negativi con pensieri realistici. Quando avrete individuato le previsioni irrazionali e le distorsioni negative nei vostri pensieri ansiosi, potrete sostituirli con nuovi pensieri che saranno più precisi e buoni. Il vostro terapeuta potrebbe anche permettervi di pensare ad affermazioni realistiche e tranquillizzanti che potrete dire a voi stessi quando affronterete o anticiperete una situazione che di solito fa salire i vostri livelli di ansia.

Come funziona la sfida del pensiero

Per capire come funziona la sfida del pensiero nella terapia cognitivo-comportamentale, si consideri il seguente esempio: Anne non prenderà la metropolitana perché teme di svenire. Tutti penseranno che è pazza. Il suo terapeuta le ha chiesto di annotare i suoi pensieri negativi, di identificare gli errori - o le distorsioni cognitive - nel suo pensiero e di sviluppare un'interpretazione più razionale.

Terapia dell'esposizione per l'ansia

L'ansia non è una bella sensazione, quindi è naturale starne alla larga se possibile. Tra i motivi per cui gli individui lo fanno è per evitare le circostanze che li rendono ansiosi. Se si ha paura delle altezze, si rischia di guidare per 3 ore pur di stare lontani dall'attraversare un ponte alto. Oppure, se la prospettiva di parlare in pubblico lascia lo stomaco a pezzi, potreste saltare il matrimonio del vostro migliore amico per evitare di fare un brindisi. A parte il fattore di disagio, il problema di stare lontani dalle proprie paure è il fatto che non si ha mai l'opportunità di sconfiggerle. In realtà, stare lontani dalle proprie paure spesso le rende più forti.

La terapia dell'esposizione, come suggerisce il titolo, espone alle situazioni o agli oggetti che si temono. Il concetto è che attraverso le esposizioni ripetute sentirete un crescente senso di controllo sulla situazione, e la vostra ansia diminuirà. L'esposizione si completa in un solo modo: il vostro terapeuta potrebbe chiedervi di immaginare la situazione spaventosa, oppure potreste affrontarla nella vita reale. La terapia dell'esposizione può essere utilizzata da sola, o può essere condotta come parte della terapia cognitivo-comportamentale.

Desensibilizzazione sistematica

Invece di affrontare la vostra più grande paura all'istante, che può essere traumatizzante, la terapia di esposizione di solito inizia con uno scenario che è solo leggermente minaccioso, per poi avanzare da lì. Questo approccio graduale è noto come desensibilizzazione sistematica. La desensibilizzazione sistematica permette di sfidare gradualmente le proprie paure, di costruire la fiducia e di padroneggiare le capacità di controllo del panico.

La desensibilizzazione sistematica comporta tre fasi:

- Imparare le capacità di rilassamento. Tanto per cominciare, il vostro terapeuta vi insegnerà una tecnica di rilassamento, come il rilassamento muscolare progressivo e la respirazione profonda. Farete pratica durante la terapia e da soli a casa. Quando inizierete a confrontarvi con le vostre paure, utilizzerete questa tecnica di rilassamento per abbassare la vostra risposta all'ansia fisica e promuovere il rilassamento.

- Sviluppo di un elenco passo dopo passo. Produrrete quindi un elenco di dieci o venti situazioni spaventose che progrediscono verso il vostro obiettivo finale. Per esempio, se il vostro obiettivo finale è quello di vincere la paura di volare, potete iniziare a guardare video e foto degli aerei, assistendo ad un atterraggio. Ogni passo deve essere il più particolare possibile, con un obiettivo ovvio e misurabile.

- Lavorare attraverso gli step. Sotto il controllo del vostro terapeuta, inizierete a lavorare sulla lista. L'obiettivo è di solito quello di rimanere in ogni situazione spaventosa fino a quando le vostre paure non si placano. In questo modo, scoprirete che i sentimenti non vi faranno del male e che anche questi spariranno. Ogni volta che l'ansia diventa piuttosto intensa, passerete alla tecnica di rilassamento che avete imparato. Dopo che vi sarete nuovamente rilassati, potrete rivolgere la vostra attenzione alle circostanze. In questo modo, lavorerete attraverso il processo fino a quando non riuscirete a finire ognuno di essi senza sentirvi troppo infelici.

Terapie complementari per i disturbi d'ansia

Mentre affrontate il vostro disturbo d'ansia in terapia, potreste anche avere bisogno di interagire con terapie complementari, progettate per abbassare i vostri livelli di stress complessivi e permettervi di raggiungere l'equilibrio emotivo.

L'esercizio fisico è un anti-stress completamente naturale e un alleviatore di ansia. Uno studio rivela che solo 30 minuti di esercizio da 3 a 5 volte a settimana possono alleviare l'ansia in modo significativo. Per ottenere il massimo dei benefici, puntare a circa un'ora di esercizio aerobico nella maggior parte dei giorni.

Le tecniche di rilassamento, tra cui il rilassamento progressivo della muscolatura e la meditazione mentale, possono diminuire l'ansia e aumentare le sensazioni di benessere mentale se praticate regolarmente.

Il biofeedback utilizza sensori che misurano specifiche funzioni fisiologiche - tra cui la frequenza cardiaca, la respirazione e la tensione muscolare - permettendovi di identificare la risposta all'ansia del vostro corpo e scoprire come potete gestirla con tecniche di rilassamento.

L'ipnosi è spesso usata in combinazione con il CBT per l'ansia. Mentre siete in uno stato di profondo rilassamento, l'ipnoterapista usa diverse tecniche di guarigione per permettervi di affrontare le vostre paure e guardarle in modi nuovi.

Far funzionare la terapia dell'ansia per voi

Non c'è una soluzione rapida per l'ansia. Per superare un disturbo d'ansia ci vuole impegno e tempo. La terapia consiste nell'affrontare le proprie paure invece di starne lontani, così spesso ci si sente ancora peggio prima di migliorare. L'essenziale è di solito attenersi al trattamento e seguire i consigli del terapeuta. Quando vi sentite scoraggiati dal ritmo della guarigione, tenete presente che la terapia per l'ansia è estremamente efficace a lungo termine. Ne trarrete i benefici nel caso in cui riuscirete ad andare fino in fondo.

Potete anche sostenere la vostra terapia dell'ansia facendo delle buone scelte. Tutto, dall'intensità della vostra attività alla vostra vita sociale, influenza l'ansia. Preparate il terreno per il successo creando un programma consapevole, per promuovere la vitalità e una mentalità di rilassamento positivo nella vostra vita quotidiana.

Scoprite l'ansia. Per poter superare l'ansia è importante riconoscere il problema. È proprio qui che entra in gioco l'educazione. L'educazione da sola non curerà un disturbo d'ansia, ma vi aiuterà a ricevere il meglio della terapia.

Coltivate i vostri legami con molti altri individui. L'isolamento e la solitudine lasciano spazio all'ansia. Abbassate la vostra vulnerabilità raggiungendo gli altri. Sforzatevi di vedere gli amici, unitevi a un gruppo di auto-aiuto e sostegno, o magari condividete le vostre preoccupazioni e le vostre paure con una persona cara fidata.

Adottare abitudini di vita sane. L'attività fisica allevia l'ansia e la tensione, fate in modo da avere tempo per un regolare esercizio fisico. Non usate droghe e alcol per gestire i sintomi, e cercate di stare lontani da stimolanti come la nicotina e la caffeina, che spesso possono peggiorare l'ansia.

Ridurre lo stress nella vita quotidiana. Esaminate la vostra vita alla ricerca di stress e cercate soluzioni per ridurlo. State lontani dalle persone che vi rendono stressati, rifiutate le responsabilità extra e trovate il tempo per rilassarvi e divertirvi nella vita di tutti i giorni.

Anche quando l'ansia è un po' troppo forte, ricordate sempre che c'è speranza in ciò che sentite. È normale sentirsi ansiosi una volta ogni tanto. Non lasciate che vi sfugga di mano.

Capitolo 4

Cosa sono gli attacchi di panico?

"Solo perché nessun altro può guarire o fare il tuo lavoro interiore per te non significa che tu possa, o debba farlo da solo". (Lisa Olivera)

Alcuni di noi provano un'esperienza di panico estremo e non sanno quello che stanno passando. È normale sentirsi così? Cosa dovrei fare? Dovrei andare dal medico? A volte, l'attacco di panico avviene anche in assenza di un innesco esterno. È soprattutto l'eccesso di pensiero e di preoccupazione che crea il panico. Questo capitolo risponde a tutte queste domande e fornisce una breve spiegazione di cosa sia realmente un attacco di panico. Dal disturbo di panico, alla risposta di lotta o di fuga, alla gestione degli attacchi di panico. Quello che state passando potrebbe confondervi ora, ma lasciate che questo libro vi insegni come il panico influenza la vostra mente e il vostro corpo.

Un attacco di panico può essere descritto come un'intensa sensazione di paura o di estremo nervosismo arrivato all'improvviso. Di solito, queste sensazioni di terrore e di apprensione si manifestano senza preavviso e sono sproporzionate rispetto a qualsiasi pericolo o minaccia reale.

Di solito hanno una breve durata. Tuttavia le conseguenze di un attacco di panico possono durare diverse ore dopo l'attacco originale.

Si tratta di una combinazione di sintomi emotivi, cognitivi e fisici. Ad esempio, quando si verifica un attacco di panico, una persona potrebbe sentirsi turbata o imbarazzata per i suoi sintomi. Possono verificarsi diversi sintomi somatici, tra cui tremori, sudorazione e dolore al petto.

La persona può temere di perdere il controllo della propria mente o del proprio corpo. In generale, questi segni possono provocare sentimenti di terrore, inducendo l'individuo a desiderare di fuggire dalle proprie circostanze.

Se in precedenza avete provato un'intensa ansia, capite quanto possano essere spaventosi gli attacchi di panico. Tutto il vostro corpo risponde in modalità "lotta o fuga" a una minaccia che non esiste, o a una macchina fotografica che non merita una reazione così estrema. Succedono per caso, non importa se vi sentite a vostro agio oppure no.

Quando ho avuto il mio primo attacco di panico, ho sentito il mio cuore battere più forte del solito. Stavo sudando su tutto il corpo mentre ero completamente immobile. Sembrava come se le bombe mi esplodessero nelle orecchie, e vedevo tutto il mio corpo dall'alto. Pensavo di aver avuto un attacco di cuore. Potreste aver sentito sintomi simili. La parte migliore è che un attacco di solito non dura più di dieci minuti, e anche se vi sentite morire, sopravvivrete illesi.

Se avete già avuto un attacco di panico, parlate con un genitore, un consulente, un amico, o con chiunque vi possa dare fiducia per le vostre preoccupazioni. La terapia e i farmaci sono alcune opzioni a cui pensare quando si curano gli attacchi di panico. Se avete attacchi di panico di frequente o vi trovate spesso a stare lontani da certi luoghi per paura di subire un altro attacco, può essere sintomatico di un disturbo di panico. È difficile trovare la vera causa del disturbo o di un particolare attacco. La scelta di un'opzione di trattamento efficace per voi, che affronti i vostri fattori scatenanti e l'ansia, può aiutare a individuare i modi per affrontare i sintomi degli attacchi di panico quando arrivano.

Quando si verifica un attacco, si può tentare di aiutarsi a superarlo in qualche modo.

1) Ricordate che sta per finire, quindi andate avanti e superate l'attacco di panico. Se avete già avuto un attacco di panico in precedenza, siete consapevoli che è terribile e che il peggio arriva alla fine. Più resistiamo al panico, più si può prolungare la sensazione terribile e peggiorare il panico. Per molte persone, darsi lo spazio per dire: "Ok, ecco che arriva, non sto scappando e non sto impazzendo", è l'unico momento per lasciarsi andare e lavorare attraverso le esperienze.

2) Respirate profondamente e lentamente. La respirazione richiede pratica. È molto probabile che vi sforzerete perché il vostro corpo è abituato a iperventilare e a dare di matto. Ottenere il controllo sull'ansia e il panico è riqualificare il nostro cervello e il nostro corpo per ottenere risposte migliori. Si può inspirare attraverso il naso, espirare attraverso la bocca, socchiudere la bocca in modo che possa fare un rumore mentre si respira, e scoprire se la pancia si alza. Potete anche provare a contare - mentre inspirate ed espirate - tre secondi dentro, cinque o sei secondi fuori.

3) Parlate con voi stessi. Parlate ad alta voce in caso di necessità. Dite a voi stessi ciò che avete bisogno di sentire per sentirvi meglio. Ricordatevi che è improbabile che voi moriate. Cantate una canzone, descrivete ciò che vi circonda. Praticate una tecnica di base per concentrarvi sul vostro ambiente e non su dove il vostro cervello in preda al panico vuole andare.

4) Raggiungere gli altri. Quando le cose sono tranquille, cercate di raggiungere coloro che possano sostenervi. È bene sfogarsi e trovare altre persone che condividano le vostre esperienze, permettendovi di sentirvi molto meno soli e spingendovi a continuare quando ciò che desiderate fare è scappare.

A lungo termine, - fate tutto ciò che funziona, ma non fatene una scusa per non risolvere il problema alla radice.

Disturbo di panico

Il disturbo di panico è una situazione di salute mentale, e gli attacchi di panico sono una manifestazione.

Molte persone subiscono almeno un attacco di panico prima o poi, ma le persone con disturbi di panico subiscono attacchi ricorrenti.

I sintomi si manifestano di solito nei primi anni dell'età adulta, intorno ai 18-25 anni, ma il disturbo di panico può svilupparsi nei bambini. È due volte più frequente nelle femmine che nei maschi.

Fattori biologici e genetici possono aumentare la probabilità di avere un disturbo di panico, ma gli scienziati non hanno ancora identificato un legame con una specifica sostanza chimica o un gene.

Può svilupparsi quando una persona con alcune caratteristiche genetiche si trova ad affrontare degli stress ambientali. Questi includono importanti cambiamenti nella vita, come la nascita di un primo figlio o anche l'uscita di casa. Anche gli abusi sessuali o fisici del passato potrebbero aumentare il rischio.

Potrebbe svilupparsi quando una persona che ha avuto molti attacchi di panico diventa timorosa di averne un altro. Questa paura può far sì che si ritiri dagli amici e che si astenga dall'uscire o dal visitare luoghi dove può verificarsi un attacco di panico.

Può anche limitare gravemente la qualità della vita di una persona, ma sono disponibili cure efficaci.

Le persone con disturbi di panico sperimentano improvvisi e ripetuti attacchi di paura che durano per diversi minuti o più a lungo. Questi si chiamano attacchi di panico. Sono caratterizzati dalla paura di un disastro o di perdere il controllo anche quando non c'è un pericolo reale. Una persona può anche avere un'intensa reazione fisica durante un attacco. Si può avere la sensazione di avere un attacco di cuore. Può manifestarsi in qualsiasi momento, e molte persone con disturbi di panico si preoccupano e temono la possibilità di avere un altro episodio.

Possono scoraggiarsi e vergognarsi perché non sono in grado di svolgere la routine quotidiana come andare al lavoro in macchina o andare al supermercato.

Quasi un adulto su dieci negli Stati Uniti subisce un attacco di panico ogni anno. Circa un terzo degli individui ne ha uno nella vita. Ma molti di loro non hanno disturbi di panico. Solo il 3% circa degli adulti ne soffre, ed è più diffuso nelle donne che nei maschi.

Alla diagnosi di disturbo di panico, lo psichiatra deve anche determinare se si aggiunge o meno l'agorafobia. L'agorafobia descrive una paura irrazionale per situazioni o luoghi in cui un aiuto non è facilmente accessibile, la fuga può essere difficile, o forse si verificherà probabilmente un attacco di panico. Chi soffre di agorafobia potrebbe stare lontano da ambienti affollati, come negozi di alimentari, chiese, centri commerciali, ristoranti e trasporti pubblici. Questo comportamento può portare la persona a rifiutarsi di uscire di casa o a richiedere di essere accompagnata da un buon amico o da un membro della famiglia. Le persone affette da agorafobia sono consapevoli che queste paure sono irrazionali.

Cosa causa il disturbo di panico?

Il disturbo di panico è spesso presente nelle famiglie, ma nessuno sa perché alcuni membri della famiglia ce l'abbiano mentre altri no. Gli scienziati hanno scoperto che alcuni processi biologici e il cervello giocano un ruolo vitale nell'ansia e nella paura. Alcuni ricercatori ritengono che le persone con il disturbo di panico interpretino erroneamente le innocue sensazioni corporee come minacce. Imparando di più sul modo in cui la mente e il corpo funzionano nelle persone con disturbo di panico, gli scienziati potrebbero creare trattamenti migliori. Stanno anche cercando modi in cui i fattori ambientali e lo stress potrebbero giocare un ruolo.

Non c'è una sola causa per il panico. Tra le cose che rendono più probabile che si verifichino attacchi di panico e disturbi di panico, ci sono:

- Forti risposte biologiche allo stress. Il corpo di molte persone è molto più reattivo agli eventi stressanti e genera più ormoni dello stress, tra cui cortisolo e adrenalina.
- Sensibilità all'ansia. Alcuni individui tendono ad essere più delicati rispetto ad altri per i sentimenti nel loro sistema. Sono molto più inclini a notarli e a interpretarli in modo errato come pericolosi.
- Pregiudizi cognitivi, tra cui la catastrofe. Queste "abitudini di pensiero" possono essere apprese, spesso attraverso l'esposizione a messaggi e individui catastrofisti.
- Altri problemi mentali. Le persone che attraversano una vasta gamma di problemi mentali spesso sperimentano attacchi di panico. Ad esempio, le persone affette da disturbo post-traumatico da stress (PTSD), da disturbo

ossessivo-compulsivo (OCD) o da depressione possono avere attacchi di panico.

- Fattori genetici. Potrebbero esserci geni che predispongono le persone a creare problemi mentali in generale, ma nessun gene specifico li predispone al panico.

Nella prossima parte vedremo che, indipendentemente da ciò che causa il panico, il panico continua ad essere importante - e questi fattori sono al centro del trattamento.

La risposta "combatti o fuggi".

Quando il corpo è esposto a un pericolo immediato, il cervello ordina al sistema nervoso autonomo di attivare la risposta "vola o combatti". Il corpo umano è inondato da una serie di sostanze chimiche, tra cui l'adrenalina, che innescano cambiamenti fisiologici. Per esempio, la respirazione e la frequenza cardiaca sono accelerate e il sangue viene spostato verso i muscoli per prepararsi al combattimento fisico o alla fuga.

Si ritiene che si verifichi un attacco di panico quando si innesca la risposta "lotta o fuga" senza che vi sia alcun pericolo imminente. Un individuo potrebbe sperimentare i sintomi di un attacco di panico in situazioni innocue e senza stress, come guardare la televisione o mentre dorme.

Molti degli elementi che possono innescare il corpo per attivare in modo inappropriato la risposta "combatti o fuggi" includono:

- Lo stress cronico (continuo) porta il corpo a produrre quantità di sostanze chimiche da stress superiori al normale, come l'adrenalina.
- Lo stress acuto (come quello di un evento traumatico) - può presto inondare il corpo di grandi quantità di sostanze chimiche da stress.

- Iperventilazione - interferisce con l'equilibrio dei gas del sangue perché non c'è abbastanza anidride carbonica nelle vene.
- Esercizio fisico intenso - per alcune persone, questo potrebbe causare reazioni intense.
- Assunzione smodata di caffeina - la caffeina nel caffè, nel tè e nelle bevande supplementari è un potente stimolante.
- Malattia - può portare a cambiamenti fisici.
- Un cambiamento improvviso dell'ambiente - come camminare in un ambiente sovraffollato o soffocante.

Gli attacchi di panico sono tutti uguali?

Solo alcuni attacchi di panico sono vissuti in maniera univoca. Di seguito sono descritti gli attacchi di panico "a senso unico":

- Gli attacchi di panico previsti (Cued) si verificano quando un individuo è soggetto o forse anticipa un determinato innesco. Ad esempio, una persona che soffre di vertigini potrebbe farsi prendere dal panico all'interno di un edificio alto.
- Gli attacchi di panico predisposti alla situazione sono come gli attacchi di panico Cued, ma non sempre si verificano dopo l'assoggettamento a una situazione temuta. Questi attacchi, inoltre, di solito non compaiono nel momento in cui l'individuo viene sottoposto al trigger. Ad esempio, una persona che teme di volare di solito non ha un attacco di panico quando è su un aereo o può averne uno dopo essere salita su un volo.
- Gli attacchi di panico inattesi (Uncued) si verificano all'improvviso senza alcuno spunto esterno o interno.

Quando potrei avere attacchi di panico?

Gli attacchi di panico possono verificarsi durante il giorno o anche di notte. Diversi individui hanno un attacco di panico e poi non ne subiscono mai un altro, oppure se ne possono avere regolarmente, o molti in un breve lasso di tempo. Si può scoprire che alcuni luoghi, situazioni o attività sembrano causare attacchi di panico. Per esempio, potrebbero accadere prima di un appuntamento stressante.

La maggior parte degli attacchi di panico durano tra i 5 e i 20 minuti. Potrebbero manifestarsi molto rapidamente. I sintomi spesso raggiungono il loro picco (momento peggiore) entro dieci minuti. Potreste anche sperimentare i sintomi di un attacco di panico per un periodo di tempo prolungato. Questo può essere dovuto al fatto che state avendo un altro attacco di panico, o forse state sperimentando ulteriori sintomi di ansia.

Timeline dell'attacco di panico

Prima che si verifichi un attacco di panico, una persona può sentirsi preoccupata, anche se non in modo grave. In definitiva, questi sentimenti si trasformano in un attacco di panico che di solito dura circa dieci minuti. Per molti pazienti, gli attacchi di panico possono durare molto più a lungo. Durante l'attacco, il tempo può sembrare lento. Così l'episodio stesso può sembrare che duri ore.

Dopo l'attacco di panico, molti pazienti si sentono esausti per non meno di un giorno intero. Molti individui con attacchi di panico si preoccupano molto anche dell'arrivo di un altro attacco di panico. Molte persone hanno un solo attacco di panico nella loro vita. Altri hanno attacchi di panico ricorrenti. Questi ultimi devono essere valutati per una malattia debilitante.

Reazioni fisiche non necessarie

La paura è normale, così come una sana reazione a diverse cose. Per esempio, se un leone ti sta inseguendo, è bene che il tuo corpo ti inondi di adrenalina e riconosca il pericolo. Tuttavia, la grande differenza tra questo e un attacco di panico è che un attacco di panico avverrà senza stimoli evidenti.

Il semplice fatto che gli attacchi di panico sembrano spuntare dal nulla li rende particolarmente terrificanti per alcuni individui. I pazienti con attacchi di panico possono sentirsi come se stessero "perdendo la testa" o "impazzendo". Tuttavia, un attacco di panico è una condizione curabile che è piuttosto comune.

Il cervello durante un attacco di panico

Prima di salire sul palco per illustrare una presentazione, si nota che il respiro diventa pesante, le mani tremano e ci si sente svenire. Questi sintomi, anche se angoscianti, non sono pericolosi per la vita, ma indicano piuttosto un attacco di panico.

Tutti noi sappiamo molto sulla fisiologia di un attacco di panico, ma abbiamo appena iniziato a capire come influisce sulla chimica del nostro cervello. Gli attacchi di panico sono episodi di intensa paura o apprensione. I pazienti spesso riferiscono di pensare che potrebbero morire, soffocare o impazzire. Potrebbero anche sentirsi come se stessero avendo un attacco di cuore o svenendo. Questi episodi di solito iniziano bruscamente, raggiungono il loro apice entro dieci minuti e terminano entro mezz'ora.

Quando le persone si sentono stressate, il loro sistema nervoso simpatico di solito aumenta di giri, rilasciando energia e preparando il corpo all'azione. Poi il sistema nervoso parasimpatico interviene, così il corpo si stabilizza in uno stato più calmo. Se il sistema nervoso parasimpatico non è in qualche modo in grado di fare il suo lavoro, la persona rimane eccitata e può anche sperimentare un attacco di panico con un'elevata caratteristica di agitazione.

Recentemente i ricercatori hanno identificato specifiche regioni del cervello che diventano iperattive durante un attacco di panico. Queste regioni sono l'amigdala, il centro della paura del cervello, e le aree del mesencefalo che controllano una serie di funzioni, compresa la nostra esperienza del dolore. Uno studio condotto da scienziati ha utilizzato la risonanza magnetica funzionale per individuare quelle specifiche regioni cerebrali che si attivano quando una persona avverte una minaccia imminente. Hanno trovato attività nell'area del mesencefalo, nota come grigio periaqueduttale, una regione che provoca le risposte protettive del corpo come il "congelamento" o la corsa. Quando i nostri meccanismi di difesa non funzionano correttamente, questo potrebbe condurre a un'eccessiva esagerazione della minaccia, portando a un aumento dell'ansia e, in casi estremi, al panico.

Identificando le regioni cerebrali coinvolte in attacchi di panico, tali studi possono migliorare la nostra comprensione dei disturbi legati all'ansia e, a loro volta, aiutare i ricercatori a trovare trattamenti migliori.

Effetti a lungo termine degli attacchi di panico

Se si soffre di disturbi di panico, i frequenti attacchi di panico possono avere un enorme impatto psicologico. Il ricordo della paura estrema che avete provato durante gli attacchi può influire negativamente sulla vostra fiducia in voi stessi e sconvolgere la vostra vita quotidiana. In ultima analisi, è possibile sperimentare diversi dei seguenti effetti.

Ansia anticipatrice

Quando ci si sente tesi e ansiosi, non importa se non si ha un attacco di panico. L'ansia deriva dalla preoccupazione di avere un futuro attacco di panico. Questa "paura della paura" si verifica abbastanza spesso e può anche essere molto estenuante.

Evitare la fobia

Avviene quando si sta lontani da certe situazioni o luoghi in base alla percezione che qualcosa in quella circostanza abbia causato un precedente attacco di panico. Si può anche sperimentare questo se si sta lontani da situazioni da cui è difficile fuggire, o dove l'aiuto non è disponibile nel caso di un attacco di panico.

Capitolo 5

Segni, sintomi e cause degli attacchi di panico

"Ciò di cui la salute mentale ha bisogno è più luce solare, più franchezza, più conversazione spudorata". (Glenn Close)

Ora che siete a conoscenza del significato di un attacco di panico e di ciò che sperimentate nella sua durata, passiamo ai suoi segni, sintomi e cause. La maggior parte dei sintomi di un attacco di panico può assomigliare ad altre condizioni di salute. È molto importante prendere in considerazione la possibilità di consultare un professionista per valutare la vostra situazione. Anche se il disturbo di panico può essere trattato, ci possono essere complicazioni dopo aver avuto attacchi di panico ricorrenti. Come già detto nel primo capitolo, non tutti gli attacchi di panico sono uguali. Ora in questo capitolo affronteremo i diversi tipi di attacchi di panico che si possono verificare. È meglio essere consapevoli, in modo da potersi prendere cura di se stessi e forse anche prevenire un attacco in futuro.

Gli attacchi di panico comportano un inatteso senso di terrore che colpisce senza preavviso. Queste circostanze possono verificarsi in qualsiasi momento, anche durante il sonno. Le persone che attraversano un attacco di panico possono credere di avere un attacco di cuore, che stanno morendo o impazzendo. Il terrore e il timore che un individuo prova durante un attacco di panico non sono proporzionati alla situazione reale e potrebbero non essere correlati a ciò che accade intorno a lui. Molte persone con attacchi di panico sperimentano una serie dei seguenti sintomi:

- Tachicardia
- Sentirsi vulnerabile, svenire o avere vertigini
- Formicolio o addirittura intorpidimento alle mani e alle dita
- Senso di terrore, di morte imminente o di sventura
- Sentirsi accaldati o avere i brividi
- Dolori al petto
- Difficoltà di respirazione
- Perdita di controllo

Gli attacchi di panico sono brevi e durano meno di dieci minuti, anche se diversi sintomi possono persistere per un tempo prolungato. Le persone che hanno avuto un singolo attacco di panico sono più a rischio di soffrirne ancora, rispetto a quelle che non hanno mai avuto un attacco di panico. Quando gli episodi si verificano di frequente, e c'è la preoccupazione di avere più episodi, una persona è considerata affetta da una condizione descritta come disturbo di panico.

Le persone con disturbi di panico possono essere estremamente nervose e spaventate perché non riescono ad anticipare un altro episodio. Il disturbo di panico non è inaudito e colpisce circa sei milioni di adulti negli Stati Uniti. Le donne hanno due volte più probabilità dei maschi di sviluppare un disturbo, così come i suoi sintomi in genere cominciano all'inizio dell'età adulta.

Non è chiaro cosa causi il disturbo di panico. Gli individui che hanno la vulnerabilità biologica agli attacchi di panico potrebbero sviluppare un disturbo di panico associato a importanti alterazioni della vita (come il matrimonio, l'avere un figlio, l'inizio di un primo lavoro, i principali fattori di stress dello stile di vita, ecc.). Ci sono anche alcuni indizi che suggeriscono che la tendenza a sviluppare il disturbo di panico può verificarsi nelle famiglie. Gli individui che soffrono di disturbi di panico hanno molte più probabilità di altri di soffrire di depressione, tentare il suicidio, o abusare di droghe e alcol.

Fortunatamente, il disturbo di panico è una condizione curabile. La psicoterapia e i farmaci sono stati utilizzati, singolarmente o abbinati, per il trattamento efficace di un disturbo di panico. Se sono necessari dei medicinali, il medico può prescrivere dei farmaci ansiolitici. Alcuni antidepressivi, farmaci anticonvulsivanti con proprietà ansiolitiche, o una classe di farmaci per il cuore noti come beta-bloccanti si usano per prevenire o addirittura controllare gli episodi di disturbo di panico.

Sintomi di attacco di panico

Un attacco di panico è un episodio di estrema ansia che può durare da un paio di secondi a più di quindici minuti. Scoprirete un'ampia gamma di sintomi dolorosi associati agli attacchi di panico, tra cui una rapida frequenza cardiaca, nausea, così come il dolore al petto, che può sembrare un attacco di cuore.

Sperimentare un attacco di panico può essere abbastanza spaventoso, anche nel caso in cui ne abbiate già avuto uno. Anche se non è naturale avere attacchi di panico, dovete capire che non siete soli se ne avete uno. Si stima che circa l'11% degli adulti negli Stati Uniti sperimenterà un attacco di panico ogni anno.

Familiarizzare con i segni degli attacchi di panico può aiutare a comprendere meglio l'esperienza e a sviluppare strategie per affrontare gli attacchi di panico.

Affinché un episodio possa essere definito un attacco di panico, una persona deve raggiungere il suo picco sintomatico entro 10 minuti. Deve anche passare attraverso almeno 4 dei segni sottostanti.

Tremore

Scuotimento e tremori sono i sintomi principali di molti disturbi d'ansia, compreso un attacco di panico.

Potreste sentire le vostre mani e le dita iniziare a tremare per prime, e poi potreste trovare difficile tenere in mano piccoli oggetti come una penna, utensili o il cellulare. Questo tremolio può poi svilupparsi fino a diventare un corpo che trema completamente, rendendo difficile stare in piedi.

Si pensa che lo scuotimento che avviene durante un attacco di panico sia una reazione eccessiva del sistema nervoso simpatico, o parte della risposta di lotta/fuga. Poiché il tessuto muscolare è teso a "prendere il volo", o cercare di fuggire dalla situazione scatenante, si verificano tremori e contrazioni.

Si possono avvertire sensazioni di tremore durante un attacco di panico, in particolare nelle braccia, nelle gambe, nelle mani e nei piedi. Proprio come altri sintomi di un attacco di panico, i tremori incontrollabili sono una conseguenza della reazione di lotta o fuga che prepara il corpo a combattere o fuggire da una minaccia reale o immaginaria.

Questa risposta viene attivata più volte durante il giorno in persone con disturbi di panico e di solito senza alcuna causa. Tuttavia, opzioni come la terapia del linguaggio e, in alcuni casi, i farmaci possono essere d'aiuto nella gestione di questo fenomeno.

Intorpidimento e formicolio

La parestesia, che è molto più comunemente nota come formicolio e intorpidimento, si verifica anche durante un attacco di panico. Probabilmente lo sperimenterete come intorpidimento o "aghi e spilli" in alcune parti del corpo distali, tra cui le labbra, i piedi, le braccia, le dita, il viso e le gambe.

Questo è un altro sintomo che è dovuto ad un errore di calcolo della risposta evolutiva di lotta o fuga. Durante questa risposta, il sangue scorre verso gli organi vitali come gli organi centrali, i polmoni e il cuore. Questo potrebbe lasciare parti del corpo "meno importanti", in particolare le estremità, prive di sangue e provocare un formicolio.

Anche qui la respirazione focalizzata può aiutare, oltre a scuotere il corpo e gli arti.

Vampate di calore o brividi

Molte persone riferiscono anche di aver subito sensazioni termiche, tra cui vampate di calore o brividi, durante un attacco di panico. I meccanismi biologici che stanno dietro a tutto questo non sono completamente compresi, anche se una teoria è che questo sia anche un prodotto della risposta di lotta o fuga.

Anche se le vampate di calore sono incluse come indicatori di un attacco di panico, la ricerca mostra che può essere difficile liberarsene se le vampate di calore sono un segno di panico o anche se il panico è una reazione a una vampata di calore.

Come nel caso di individui in menopausa, le vampate di calore sono di solito il risultato di disturbi ormonali. L'esperienza di una vampata di calore inaspettata è spaventosa e scomoda, e può provocare da sola un attacco di panico.

Sudorazione

La sudorazione è una dimostrazione fisica di attacchi di panico. Palme appiccicose o sudore nelle ascelle, su schiena o tempie sono sintomi frequenti della maggior parte dei disturbi di ansia e degli attacchi di panico.

Spesso può essere difficile determinare un attacco di panico in un'altra persona, poiché molti di questi sintomi sono vissuti internamente. Tuttavia nel caso in cui si veda un bambino, un adolescente o un adulto sudare eccessivamente sia sulla fronte che attraverso la camicia, quando non c'è una chiara causa fisica o ambientale una spiegazione potrebbe essere l'attacco di panico.

Non è insolito iniziare a sudare per l'ansia. Molto simile ad altri sintomi legati all'ansia, la sudorazione è un elemento della risposta innata del corpo allo stress.

Il tipo di sudorazione può variare. Si può avvertire un sudore caldo o freddo, o entrambi. Si può sudare dalle ascelle, dalla fronte o da diverse aree del corpo. Si possono avere o non avere vampate di calore, o brividi insieme alla sudorazione.

Anche se non è comodo e a volte imbarazzante da affrontare, sappiate che la sudorazione non è necessariamente dannosa. Trovare il modo di calmarsi può aiutare a ridurre al minimo la risposta allo stress che porta alla sudorazione. Ancora una volta, una cosa facile come la respirazione rilassata può essere molto utile per fermare il sintomo.

Come per tutti questi sintomi, i farmaci su prescrizione e la psicoterapia possono aiutare a gestire il disturbo sottostante.

Nausea

La nausea è l'ennesimo sintomo comune degli attacchi di panico. In casi più rari, la nausea può portare al vomito, anche se questo è molto meno comune.

Questa sensazione di nausea può derivare dalla sensazione di "farfalle nello stomaco" che viene spesso descritta da persone che soffrono di ansia. Questo è dovuto in realtà alla risposta di lotta o fuga, quando il corpo produce una sovrapproduzione di adrenalina che potrebbe far sentire male allo stomaco.

Gli attacchi di panico possono causare sensazioni di disagio, nausea e dolore nella regione addominale.

La maggior parte degli individui non vomita quando ha un attacco di panico, ma non è insolito sentire la nausea fino a quando l'attacco non si placa.

Palpitazioni cardiache

La tachicardia e le palpitazioni cardiache, o la frequenza cardiaca anormalmente alta, sono segni di un attacco di panico. Percepire il tuo cuore saltare un battito, o sentire un polso anormalmente alto, può essere un'esperienza spaventosa che può anche esacerbare l'attacco di panico.

Come quasi tutti i sintomi di un attacco di panico, una frequenza cardiaca irregolare o elevata è legata alla risposta di lotta o fuga. Mentre il corpo umano pompa sangue agli organi vitali e a grandi gruppi muscolari per aiutare nel combattimento (o a fuggire), il cuore fa gli straordinari.

In un attacco di panico, molte persone hanno la sensazione che il loro cuore stia battendo forte. Le palpitazioni cardiache sono di solito percepite con timore, poiché molti individui che hanno attacchi di panico credono che siano un'indicazione associata a un'emergenza medica come un attacco di cuore.

Tuttavia, una frequenza cardiaca accelerata riguarda di solito gli attacchi di panico (o anche se si è eccitati e nervosi). È correlata alla risposta di lotta o di volo che si sta sperimentando. Nel caso in cui vi accorgiate che il vostro cuore batte forte, una strategia semplice come la respirazione profonda può permettervi di avere il controllo della situazione.

La frequenza cardiaca torna tipicamente alla normalità quando l'attacco di panico si placa.

Fiato corto o iperventilazione

La brevità del respiro e i sentimenti di soffocamento sono riconosciuti come segni di un attacco di panico. Questi sintomi respiratori possono anche presentare iperventilazione.

La pratica di respiri diaframmatici e profondi può aiutare a riossigenare il corpo e a controllare la respirazione. Un vantaggio è che la respirazione profonda può anche innescare il sistema nervoso parasimpatico, calmando la risposta del corpo alla lotta o alla fuga e riducendo le sensazioni di ansia.

L'iperventilazione comporta una respirazione rapida, che può essere causata da ansia e panico. Durante un attacco di panico, il vostro modello di respirazione normale può cambiare in un modo che non vi permette di prendere grandi respiri. Al contrario, si inizia a prendere respiri brevi e veloci.

L'iperventilazione può essere accompagnata da grandi boccate d'aria, ma può anche essere evidenziata sottilmente attraverso la tosse e la respirazione rapida. A volte può farvi sentire come se steste soffocando, che non fa altro che intensificare ulteriormente il panico.

Vertigini

Le vertigini sono un sintomo molto comune degli attacchi di panico che è necessario notare. Questo potrebbe essere secondario all'avere respiri brevi e poco profondi senza ottenere una quantità sufficiente di ossigeno, in diversi casi.

Quando si inizia a provare un'improvvisa e intensa sensazione di vertigini, è essenziale trovare un posto sicuro dove sedersi. Un attacco di panico non è pericoloso di per sé, ma cadere o ferirsi è un rischio conseguente alle vertigini.

Nel caso in cui si stia occupando di un bambino che si sente stordito o che soffre di vertigini a causa di un attacco di panico, lo faccia accomodare e gli faccia mettere la testa tra le gambe. Nel caso in cui si sentano deboli, sdraiati e sollevati, le loro gambe possono aiutare a controllare la pressione sanguigna e a ridurre le sensazioni di svenimento.

Quando si attraversa un attacco di panico, si potrebbe iniziare a sentire vertigini, stordimento, instabilità o forse svenimenti. È difficile concentrarsi, e questo può aumentare l'ansia.

Anche se insolito, è facile che qualcuno che sta attraversando un attacco di panico svenga. In caso di questi sintomi, assicuratevi di sedervi o magari di sdraiarvi, preferibilmente in un posto tranquillo. Chiudete le palpebre e prestate molta attenzione al respiro per aiutarvi ad uscire dall'attacco di panico.

Sintomi insoliti

Troverete ulteriori sintomi da attacco di panico, che possono essere conteggiati nei quattro sintomi necessari per un episodio classificato come attacco di panico. Tuttavia, questi sintomi sono di solito più intensi e rari. Includono:

- Paura di perdere il controllo
- Spersonalizzazione o "derealizzazione"
- Dolore al petto
- Paura di morire

Paura di perdere il controllo

Qualcuno che ha un attacco di panico può avere paura di perdere il controllo o di impazzire. Un attacco di panico viene identificato come un episodio di panico discreto, legato al tempo, ed è corretto che si possa perdere il controllo dei propri sentimenti e del proprio corpo durante quel periodo.

È utile ricordare che molti attacchi di panico durano solo un paio di minuti, e quando finiscono si ha di nuovo il controllo.

Uno studio basato su un sondaggio del 2012 ha scoperto che il luogo del primo attacco di panico di una persona può avere un impatto sul suo successivo sviluppo dell'agorafobia, ovvero la paura di uscire di casa e trovarsi in luoghi pubblici.

I risultati hanno mostrato che gli individui il cui primo attacco di panico si è verificato in pubblico sono più che suscettibili a soffrire di agorafobia, il che è molto probabile a causa della paura di perdere di nuovo il controllo in pubblico.

Spersonalizzazione o derealizzazione

La spersonalizzazione e la derealizzazione sono ulteriori e più rari sintomi di attacchi di panico. Quando qualcuno sperimenta la derealizzazione, ha una sensazione di falsità, di essere disconnesso dalla realtà mentre altro succede intorno a lui.

La spersonalizzazione è di solito descritta come un sentirsi distaccati da se stessi, come nella situazione in cui si osservano i propri comportamenti ma non si è in contatto con essi.

Durante un attacco di panico si potrebbe provare una spersonalizzazione, sentendosi improvvisamente "fluttuare sopra" a guardare se stessi in preda al panico.

Durante un attacco di panico, si può essere disconnessi da se stessi e dall'ambiente circostante. Quando si verificano questi sintomi, si vede l'ambiente circostante come sconosciuto, nebbioso o distorto e può sembrare di essere robotizzati, al di fuori di sé, o semplicemente in movimento.

La spersonalizzazione può influire negativamente sull'individuo che la sperimenta e di solito porta ad un aumento dell'ansia, del panico e della paura.

Quando vi rendete conto di ciò che sta succedendo, rallentate la respirazione e lavorate con i vostri sensi per portarvi alla realtà - toccare qualcosa di freddo o magari pizzicare leggermente la mano funzionerà. Quando il disturbo di panico sottostante viene curato, non si avverte questo particolare sintomo.

Dolore o disagio al petto

Il dolore al petto è uno dei sintomi più preoccupanti degli attacchi di panico. Gli attacchi di panico sono spesso confusi con gli attacchi di cuore a causa dei sintomi del dolore toracico.

Uno studio precedente ha scoperto che circa il 25% dei pazienti che presentano al proprio medico sintomi di dolore toracico vengono alla fine diagnosticati con un disturbo di panico.

Gli individui che hanno avuto attacchi di panico riferiscono che il dolore al petto è tra i sintomi più dolorosi. In situazioni di panico, il dolore toracico è causato dall'ansia stessa.

Il dolore al petto è uno dei segni più tipici degli attacchi di panico che portano la gente a cercare aiuto medico urgente. Anche se si rivela inutile, tutti coloro che soffrono di dolori al petto di nuova insorgenza devono essere inizialmente valutati dal punto di vista medico, per capire che si tratta di un segno di panico senza un problema cardiaco molto più grave.

Paura di morire

Sul momento un attacco di panico è di solito onnipresente e terrificante al punto che si possa provare la paura di morire. È una cosa spaventosa non riuscire a gestire il proprio corpo. Con problemi come le palpitazioni cardiache, i dolori al petto e l'iperventilazione, non sorprende che molte persone temano per la propria vita durante le sofferenze di un attacco di panico.

Lo studio indica che gli individui che sperimentano il loro primo attacco di panico in casa hanno più probabilità di temere di morire durante l'attacco. Questo è molto probabile dal momento che sono da soli, e si sentono impossibilitati a chiedere immediatamente aiuto.

Sappiate che, nel caso in cui vi troviate in questa particolare circostanza, un attacco di panico da solo non può uccidervi. Inoltre, quasi tutte le persone reagiscono a stimoli non pericolosi che vengono percepiti come non sicuri sulla base della risposta iperreattiva di lotta o fuga.

Complicazioni di un attacco di panico

Purtroppo, potrebbero esserci complicazioni se non si affronta un attacco di panico. Queste possono includere:

Disturbo di panico

Per diverse persone, un attacco di panico può essere un evento isolato. Al 2-3% di questi individui creerà un disturbo di panico.

Un disturbo di panico è una varietà di disturbi d'ansia diagnosticato da uno psichiatra o anche dal vostro medico di base. Per poter diagnosticare un disturbo di panico una persona deve soffrire regolarmente di attacchi di panico.

Almeno uno di questi attacchi deve essere preceduto da un mese in cui l'individuo incontra un'intensa paura e comportamenti anomali intorno ai successivi attacchi di panico.

Comportamenti da evitare

Gli attacchi di panico potrebbero essere previsti o inaspettati. Molte persone possono riconoscere gli inneschi che portano ad attacchi di panico.

Questi fattori scatenanti potrebbero includere l'andare in palestra, guidare, uscire in pubblico, parlare in pubblico, sentire rumori forti come fuochi d'artificio o il rombo delle automobili, e innumerevoli altri. Mentre stare lontano dagli inneschi può ridurre gli attacchi di panico, i comportamenti asociali possono anche portare a limitazioni nelle relazioni, nella vita quotidiana e persino a sentimenti di paura.

Agorafobia

L'esperienza di un attacco di panico in pubblico o anche durante la guida aumenta le possibilità di sviluppare l'agorafobia. L'agorafobia è un'estrema paura di uscire di casa o di essere in pubblico.

Per gli individui con attacchi di panico, ciò è dovuto al timore di subire un altro attacco in pubblico. L'agorafobia può portare a disfunzioni e limitare le relazioni, il tempo libero, la vita sociale, il lavoro e molto altro ancora.

Spese mediche e ricovero in ospedale

Uno studio del 1996 ha rilevato che gli individui con attacchi di panico o con disturbi di panico hanno un utilizzo sostanzialmente maggiore dei servizi sanitari e costi medici più elevati. Ad esempio, il dolore al petto può portare a pensare di avere un attacco di cuore, con conseguente ricovero in ospedale.

Questo elevato utilizzo dei servizi sanitari può essere costoso nel tempo sia per il paziente che per il sistema sanitario. Ciononostante, sono necessari nuovi studi scientifici demografici per aggiornare se questa è la situazione attuale anche per le persone con attacchi di panico.

Malattie cardiache

Le persone con disturbi di panico hanno complicazioni cardiache più elevate, tra cui l'ipertensione (pressione alta) e la cardiomiopatia. La ricerca non è definitiva sulla direzione della causa, in quanto potrebbe essere che gli individui con queste condizioni cardiache preesistenti sono molto più inclini a sperimentare il panico come conseguenza della loro malattia.

Tuttavia, questo è uno dei motivi per cui è essenziale cercare un trattamento per i continui attacchi di panico o di disturbo di panico.

Cause degli attacchi di panico

Le cause specifiche degli attacchi di panico non sono riconosciute, ma vari fattori giocano un ruolo importante. Questi includono:

- Chimica del cervello
- Genetica e storia familiare
- Lo stress della vita
- Temperamento e personalità

Nel caso in cui si tenda ad essere sensibili allo stress o si provino spesso emozioni negative, si potrebbero avere più probabilità di avere attacchi di panico. Anche le persone che hanno familiari con disturbi d'ansia possono avere molte più probabilità di avere attacchi di panico, il che suggerisce una componente genetica.

Le donne hanno molte più probabilità, rispetto agli uomini, di sviluppare condizioni di ansia come il disturbo di panico. Di conseguenza, gli esperti suggeriscono che le donne dai tredici anni in su siano sottoposte a screening per le condizioni di ansia.

Le cause degli attacchi di panico inaspettati

Gli attacchi di panico previsti sono di solito associati a un certo innesco, come la folla, il volo, o gli esami. Al contrario, gli attacchi di panico imprevisti non hanno un innesco apparente e possono insorgere senza motivo.

Non si sa nemmeno cosa causi gli attacchi di panico, ma alcuni fattori possono giocare un ruolo cruciale, come la genetica, uno stress elevato, o anche la predisposizione allo stress.

Gli attacchi di panico sono generalmente vissuti a causa di un'errata interpretazione dei sintomi fisici dell'ansia. Le palpitazioni cardiache possono essere confuse con i segni di un attacco di cuore, l'assenza di respiro o la sensazione di svenimento può essere considerato il segnale che una persona sta collassando o forse morendo. Inoltre, i pensieri di fuga possono portare un individuo a credere di perdere il controllo dei propri pensieri.

Questi fraintendimenti - di cui una persona potrebbe non essere consapevole - possono scatenare un attacco di panico, che appare all'improvviso.

Com'è avere un attacco di panico?

Un attacco di panico può essere un'esperienza terrificante. Al momento, la maggior parte delle persone prova un sentimento di sventura, insieme a una completa incapacità di gestire se stessa. Le persone spesso usano parole come "schiacciare", "battere", "sembra un'eternità", "perdere la testa" e "non riesco a prendere abbastanza aria" per descrivere gli attacchi di panico.

Indipendentemente dal fatto che un attacco di panico duri solo un paio di minuti in totale, può avere un effetto duraturo. Molte persone hanno paura degli attacchi di panico. Cambiano la loro routine, limitano i luoghi in cui vanno o la gente che vedono per evitare di prenderne un altro.

Tipi di attacchi di panico

Uno dei modi in cui molti individui hanno caratterizzato gli attacchi di panico è il seguente:

- Gli attacchi di panico spontanei si verificano senza preavviso e all'improvviso. Non ci sono fattori scatenanti ambientali o situazionali collegati alla crisi. Questi tipi di attacchi di panico possono verificarsi durante il sonno.

- Attacchi di panico legati alla situazione, o anche di tipo "Cued", si verificano in caso di esposizione anticipata o reale a scenari specifici. Queste situazioni diventano fattori scatenanti o spunti per un episodio di panico. Ad esempio, una persona che teme gli spazi chiusi può subire un attacco di panico quando pensa di entrare in un ascensore.

- Gli attacchi di panico predisposti alla situazione non si verificano di solito immediatamente dopo l'esposizione a uno stimolo o a una situazione temuta. Tuttavia, l'individuo è molto più incline ad avere un attacco in tali scenari. Ad esempio, una persona che ha paura delle situazioni sociali ma che non vive un episodio di panico in ogni situazione culturale o che, dopo essere stata in un'atmosfera sociale per un periodo di tempo prolungato, subisce un attacco ritardato.

Vedete come gli attacchi di panico vengono solitamente confusi con gli attacchi di cuore? Dovete fare attenzione a questi sintomi per capire cosa sta succedendo a voi stessi. Si tratta di una condizione di salute più grave o di un attacco di panico? L'educazione e la consapevolezza sono le chiavi per prendersi cura di se stessi.

Capitolo 6

Trattamento e attività per alleviare gli attacchi di panico

"Tutto ciò che è umano è definibile, e tutto ciò che è definibile può essere più gestibile. Quando possiamo parlare dei nostri sentimenti, essi diventano meno travolgenti, meno sconvolgenti e meno spaventosi". (Fred Rogers)

Anche se gli attacchi di panico sono incredibilmente spaventosi, ci sono farmaci e terapie per aiutare a superarli. In questo capitolo scoprirete che il trattamento non si limita a una o due opzioni. Oggi, ci sono molti trattamenti e farmaci alternativi tra cui scegliere. È meglio consultare il proprio medico in prima persona piuttosto che l'autodiagnosi. Quando si tratta di farmaci, è essenziale scegliere ciò che si adatta di più a voi. Tenendo conto di queste considerazioni, ci sono anche attività da aggiungere alla vostra routine che possono aiutare molto a superare i vostri attacchi di panico.

I due metodi più comuni per affrontare il disturbo di panico sono la consulenza e la terapia. Molti tipi di consulenza sono estremamente utili nel trattamento degli attacchi di panico e del disturbo di panico. Potete chiedere consiglio al vostro medico sui vari tipi di consulenza disponibili. La consulenza non è veloce come la medicina. Tuttavia, può essere altrettanto efficace. La combinazione di consulenza e medicina sembra essere un trattamento molto efficace per gli attacchi di panico e i disturbi di panico.

Molti farmaci possono rendere gli attacchi di panico meno gravi o fermarli del tutto.

Gli antidepressivi sono molto utili per prevenire attacchi di panico e di ansia. Di solito fermano completamente gli attacchi. Non è necessario essere depressi per poterli usare. Gli effetti collaterali sono generalmente moderati. Gli antidepressivi non vi faranno perdere il controllo o cambiare il vostro carattere. Questi farmaci possono essere usati per tutto il tempo necessario, anche per anni.

I farmaci ansiolitici sono un altro farmaco utile per il disturbo di panico. Come suggerisce il nome, questi farmaci danno sollievo dall'ansia e dalla paura. Devono essere usati solo per un breve periodo (da alcune settimane a un paio di mesi), a meno che non si possa fare a meno di essi. Non smettete mai di prendere all'improvviso uno di questi farmaci. In caso di interruzione, questi farmaci dovrebbero essere gradualmente ridotti nel corso di alcune settimane sotto la supervisione del vostro medico.

Il trattamento può contribuire ad abbassare l'intensità e la frequenza degli attacchi di panico e a migliorare la vostra vita quotidiana. Le opzioni di trattamento principali sono i farmaci e la psicoterapia. Uno o forse entrambi i tipi di trattamento potrebbero essere consigliati, a seconda delle vostre preferenze, dell'anamnesi, dell'intensità del vostro disturbo di panico e della possibilità di consultare esperti di salute mentale che hanno una formazione specifica nel trattamento dei disturbi di panico.

Psicoterapia

La psicoterapia, detta anche talk therapy, è un buon trattamento di prima scelta per gli attacchi di panico e i disturbi di panico. La psicoterapia può aiutare a comprendere gli attacchi di panico e i disturbi d'ansia, e a stabilire come affrontarli.

Una varietà di psicoterapia chiamata terapia cognitivo-comportamentale può insegnarvi che i sintomi del panico non sono pericolosi attraverso la vostra esperienza personale. Il vostro terapeuta vi aiuterà a ricreare lentamente i sintomi di un attacco di panico in modo sicuro e ripetitivo. Non appena le sensazioni fisiche del panico non si percepiscono come minacciose, gli episodi iniziano a risolversi. Un trattamento di successo può inoltre permettervi di superare i timori di situazioni da cui siete rimasti lontani a causa di attacchi di panico.

Vedere i risultati del trattamento può richiedere sforzi e tempo. Si potrebbe iniziare a vedere i sintomi degli attacchi di panico ridursi entro diverse settimane, e spesso i sintomi diminuiscono in modo significativo o scompaiono nel giro di diversi mesi. Potreste programmare occasionali visite di controllo per assicurarvi che i vostri attacchi di panico rimangano sotto controllo o trattare le recidive.

Trattamenti psicologici

Terapia cognitivo-comportamentale

La CBT per il disturbo di panico comprende i trattamenti che modificano il comportamento (esposizione e gestione dell'ansia, come la respirazione lenta) e le persone che cambiano i pensieri preoccupanti e che provocano ansia (cioè la terapia cognitiva). L'obiettivo è di solito quello di creare una comprensione meno sconvolgente dei cambiamenti fisici che si verificano quando si è nervosi.

Ci sono prove che la CBT è molto più efficace dei farmaci sia a lungo che a breve termine. Un vantaggio della CBT rispetto ai farmaci è che si è dimostrata utile a lungo termine, cioè da diversi mesi a qualche anno dopo la fine del trattamento a breve termine.

Educazione sul disturbo

Dopo la valutazione, un terapista vi spiegherà l'ansia in generale e il disturbo di panico in particolare. Questo probabilmente comporterà parlare della risposta, dei dettagli della "lotta o fuga" e di come influisce sul corpo. L'allenamento comporterà la dissipazione delle paure che le persone hanno generalmente con questo disturbo, come ad esempio pensare che stanno impazzendo o che forse moriranno a causa dei sintomi.

Terapia cognitiva

Questa particolare componente del trattamento identifica i fattori scatenanti degli attacchi di panico e comprende i timori che si hanno riguardo ai segnali di panico. I fattori scatenanti possono essere un pensiero, una situazione o anche un leggero cambiamento fisico, come un battito cardiaco più veloce. Tutti sono addestrati ad essere molto più ragionevoli nella loro interpretazione dei sintomi di panico e delle situazioni temute.

Esposizione enterocettiva e in vivo

L'esposizione enterocettiva comporta l'avvio di una minore paura dei segnali di panico in modo controllato. Per esempio, potrebbe comportare fare jogging durante la terapia per essere più consapevoli del significato di sintomi specifici come il battito cardiaco veloce e la mancanza di respiro. Al contrario, può comportare il bere tazze di caffè o anche sedersi in una stanza calda.

Sarà fondamentale per chi sta lontano dalle situazioni per paura di entrare a contatto con un attacco di panico che si affronta in luoghi temuti. L'esposizione reale comprende la rottura di una situazione di paura in passi realizzabili, e farli uno alla volta fino a raggiungere il passo più difficile. Per esempio, se una persona ha paura dei viaggi in treno, la terapia potrebbe includere l'andare sui treni, poi andare sui treni con un numero crescente di fermate e con una folla sempre maggiore, e così via.

Tecniche di respirazione e di rilassamento

Il panico può essere aggravato da un aumento della frequenza dei respiri. Rallentare la respirazione può aiutare alcuni individui a fronteggiare un attacco di panico e prevenirlo. Il rilassamento è forse molto più utile come strategia comune per combattere l'ansia, ma è stato ideale per alcune persone con disturbo di panico. Il rilassamento e la respirazione lenta da soli non sono stati generalmente usati per trattare con successo il disturbo di panico, anche se ci sono un po' di prove che un tipo di rilassamento chiamato 'rilassamento applicato' può essere benefico.

Farmaci per il disturbo di panico

Antidepressivi

Troverete vari tipi di farmaci antidepressivi che sono buoni per il trattamento del disturbo di panico. Ogni tipo funziona in modo diverso, e con il vostro medico sarete pronti a determinare quale sia il più efficace per voi, causando il minimo di effetti collaterali.

La maggior parte dei farmaci saranno presi a basse dosi e poi aumentati a un buon livello. Dovete assumere i farmaci come raccomandato dal vostro medico e non dovete apportare modifiche a sua insaputa. In caso di effetti collaterali spiacevoli, informate il vostro medico, in modo da essere consapevoli se sono naturali o meno. Alcuni effetti collaterali indesiderati sono molto comuni e il vostro medico vi permetterà di sapere cosa aspettarvi. Attualmente, non ci sono prove che i vantaggi dei farmaci continueranno anche dopo l'interruzione del trattamento.

Quando sono stati rilasciati per la prima volta negli anni '50, gli antidepressivi erano principalmente usati per trattare i disturbi dell'umore. Tuttavia in seguito si è scoperto che questi farmaci aiutano efficacemente a ridurre l'ansia, a diminuire i sintomi del panico e a diminuire la forza e la frequenza degli attacchi di panico. I farmaci antidepressivi sono ampiamente utilizzati per trattare molti disturbi d'ansia, tra cui il disturbo di panico e l'agorafobia.

Gli antidepressivi influenzano i messaggeri chimici nel cervello, noti come neurotrasmettitori. Si ritiene che ci siano diversi tipi di questi messaggeri chimici che comunicano tra le cellule cerebrali.

Antidepressivi triciclici

Gli antidepressivi triciclici sono una vecchia classe di farmaci noti per curare la depressione. Sono anche efficaci per trattare l'ansia. L'imipramina è stata dimostrata in numerosi studi di buona qualità come trattamento altamente efficace per il disturbo di panico.

Questi farmaci hanno generalmente vari effetti collaterali spiacevoli, come secchezza delle fauci, nausea e vertigini, il che implica che alcuni individui abbiano difficoltà ad assumere il farmaco, anche se potrebbe aiutarli.

Gli antidepressivi triciclici (TCA) stanno diventando molto meno conosciuti nel trattamento dei disturbi dell'umore e dell'ansia da quando sono stati introdotti gli SSRI. Tuttavia, i TCA continuano ad essere un'opzione di trattamento altamente efficace per gli individui con disturbi d'ansia.

Come gli SSRI, i TCA lavorano per ostacolare la ricaptazione della serotonina messaggera chimica. Inoltre, molti TCA impediscono la ricaptazione della norepinefrina, un altro neurotrasmettitore nel cervello, solitamente associato alla risposta allo stress da lotta o fuga.

I TCA comuni includono:

- Adapin, Sinequan (doxepina)
- Asendin (amoxapina)
- Elavil (amitriptilina)
- Norpramin (desipramina)
- Pamelor (nortriptilina)
- Surmontil (trimipramina)
- Tofranil (imipramina)
- Vivactil (protriptilina)

Inibitori selettivi della ricaptazione della serotonina

Recentemente si è parlato molto dei farmaci in questa particolare classe di antidepressivi, in quanto sono utili quanto i precedenti tipi di antidepressivi, ma sono collegati con molti meno effetti collaterali. Il più popolare è probabilmente il Prozac (fluoxetina), tuttavia troverete una selezione di vari altri SSRI, molti dei quali hanno dimostrato di aiutare le persone con disturbi di panico (ad esempio Cipramil / citalopram, Aropax / paroxetina, Zoloft / Luvox, e sertralina/fluvoxamina).

Anche se molto meno frequenti, gli effetti collaterali indesiderati si verificano ancora e comprendono stanchezza, insonnia, nausea e mal di testa. I sintomi possono anche verificarsi se si tenta di interrompere il farmaco SSRI.

Gli inibitori selettivi della ricaptazione della serotonina (SSRI) sono una classe ideale di antidepressivi prescritti per ridurre i sintomi della depressione e dell'ansia. La serotonina è un neurotrasmettitore naturale nel cervello umano.

Questi farmaci funzionano colpendo solo la serotonina ("selettiva") e impedendo l'assorbimento della serotonina ("ricaptazione") da parte delle cellule nervose del cervello umano. Bilanciando il funzionamento della serotonina, gli SSRI sono in grado di ridurre l'ansia e migliorare l'umore.

I più comuni SSRI sono:

- Celexa (citalopram)
- Paxil (paroxetina)
- Prozac (fluoxetina)
- Zoloft (sertralina)

La ricerca ha dimostrato l'efficacia a lungo termine degli SSRI. Questi farmaci sono stati creati per causare effetti collaterali limitati, rendendoli il farmaco di prescrizione di prima scelta per il disturbo di panico.

Inibitori della monoammino ossidasi (IMAO)

Gli inibitori della monoammino ossidasi (IMAO) sono tra i primi antidepressivi sviluppati, utilizzati per trattare con successo i disturbi dell'ansia e dell'umore. Gli IMAO funzionano ostacolando l'attività dell'enzima monoammino ossidasi.

Questo enzima è coinvolto nella scomposizione dei neurotrasmettitori come la noradrenalina, la dopamina e la serotonina. La dopamina aiuta a regolare molte funzioni, che includono il movimento, i livelli di energia fisica e le sensazioni di motivazione. Gli IMAO comuni comprendono:

- Emsam (selegilina)
- Nardil (fenelzina)
- Marplan (isocarboxazid)
- Parnate (tranilcipromina)

Nonostante la loro efficacia, gli IMAO sono prescritti meno a causa delle necessarie limitazioni dietetiche durante l'assunzione, e del potenziale di notevoli interazioni farmacologiche che possono verificarsi quando si assumono gli IMAO insieme ad altri farmaci.

Benzodiazepine

Questi farmaci hanno lo scopo di ridurre la tensione e di aumentare il rilassamento senza provocare il sonno. Esistono effetti collaterali legati a questi farmaci, che devono essere discussi con il vostro medico. Le benzodiazepine come l'alprazolam (Xanax) sono efficaci nel trattamento dei disturbi di panico. Gli svantaggi di questa particolare categoria di farmaci sono il fatto che crei dipendenza e i problemi di astinenza se si smette di prendere il farmaco. L'uso a lungo termine è legato alla dipendenza, all'aumento del rischio di incidenti automobilistici e alle difficoltà di memoria.

Le benzodiazepine sono essenzialmente la classe di farmaci ansiolitici più prescritti per il disturbo di panico. Conosciuti per il loro effetto sedativo, questi farmaci da prescrizione possono facilmente ridurre i sintomi degli attacchi di panico e indurre uno stato più rilassato.

Le benzodiazepine ritardano il sistema nervoso principale mirando ai recettori dell'acido gamma-aminobutirrico (GABA) nel cervello, inducendo una sensazione di rilassamento. Nonostante gli effetti negativi e i potenziali rischi di questi farmaci, le benzodiazepine sono in grado di trattare in modo efficace e sicuro il disturbo di panico. Le benzodiazepine più comuni sono:

- Ativan (lorazepam)
- Klonopin (clonazepam)
- Librio (clordiazepossido)
- Valium (diazepam)
- Xanax (alprazolam)

Altri farmaci sono stati esaminati per il disturbo di panico, ma non ci sono informazioni adeguate in questa fase per suggerirne l'uso.

Quali sono esattamente le complicazioni degli attacchi di panico?

Gli attacchi di panico sono curabili. Purtroppo, molti uomini e donne rimandano la richiesta di aiuto perché sono imbarazzati. Gli attacchi di panico non curati, o il disturbo di panico, possono interferire con la capacità di apprezzare la vita. Si potrebbe sviluppare:

- Ansia da anticipazione: La possibilità di affrontare un attacco di panico scatena un'ansia estrema.
- Fobie: La fobia è una paura seria e irragionevole di qualcosa di specifico. Ad esempio, l'acrofobia è la paura dei luoghi ad altezze elevate, mentre la claustrofobia è la paura degli spazi chiusi.
- Agorafobia: circa due terzi degli individui con disturbo di panico sviluppano l'agorafobia. Questo disturbo d'ansia crea paura a trovarsi in situazioni o luoghi in cui potrebbe verificarsi un attacco di panico. La paura può iniziare ad essere così estrema che si diventa troppo spaventati per lasciare la propria casa.

Quanto dura il trattamento?

La durata esatta del trattamento dipende da voi. Fermare completamente gli attacchi di panico è un buon obiettivo. Il vostro medico elaborerà un piano di trattamento solo per voi. In genere si raccomanda un periodo di trattamento della durata minima di 6-9 mesi. Molte persone che assumono farmaci per il disturbo di panico possono interrompere il trattamento dopo un breve periodo. Altri devono continuare le cure per un periodo di tempo prolungato, forse anche per tutta la vita.

Vivere con il disturbo di panico

Gli attacchi di panico sono spesso imprevedibili, anche con la diagnosi. Vi fanno sentire impotenti. Insieme al vostro piano terapeutico, pensate a questi cambiamenti di stile di vita per ridurre il rischio di attacchi di panico.

- Esercizio. L'attività fisica può consentire di ridurre al minimo lo stress. Può anche "calmare" il cervello.
- Dormire. Non avere una quantità sufficiente di riposo può lasciare intontiti. Può anche portare ad essere più emotivi. Questo può rendervi ancora più vulnerabili all'ansia e ad un attacco.
- Evitare l'alcol, il fumo, la caffeina e anche le droghe ricreative. Ognuna di queste cose può causare un attacco di panico o addirittura peggiorare la situazione.
- Unisciti a un team di supporto. È un vantaggio sapere di non essere soli. Spesso il semplice fatto di parlare del proprio disturbo di panico può dare la sensazione di avere potere su di esso.

La prevenzione si allarga

Anche le persone con disturbi di panico possono sviluppare un'intensa paura delle sensazioni fisiche legate al panico, non importa se non si trovano nel contesto di un attacco. Questo può portarle a stare lontane dall'esercizio fisico, poiché interpretano quelle sensazioni fisiche come dannose. Tuttavia, sono segni di un allenamento intenso e faticoso.

Le persone non vogliono stare in situazioni in cui fa caldo, semplicemente perché questo potrebbe disturbarle, oppure in situazioni in cui credono di poter avere un disagio fisico, come sulle montagne russe o in aereo.

Mentre i bambini piccoli possono avere episodi di panico o di paura, il vero disturbo di panico non compare fino agli anni dell'adolescenza. Gli attacchi di panico possono anche aumentare come caratteristica di un altro tipo di ansia, come l'ansia sociale con attacchi di panico o una specifica fobia con attacchi di panico.

Come ho curato il mio disturbo di panico

Ho scelto di concentrarmi sulla mia guarigione e di sottolineare solo qualche parola sul mio lungo periodo di sofferenza. È probabile che voi sappiate in prima persona o indirettamente più di quanto non vogliate sapere sulla sofferenza! La mia sofferenza aveva la sua forma distintiva, ma fondamentalmente non era diversa da quella che probabilmente già conoscete.

Dopo i miei primi attacchi di panico, mi sono svegliata ogni mattina con un cuore che correva, iperventilazione e ondate di apprensione e paura. La mia agorafobia ha dettato il mio raggio d'azione ogni giorno, e il mio raggio d'azione si è andato gradualmente restringendo sempre più.

Ogni elemento della mia vita ne è stato profondamente influenzato. Dopo, un buon amico mi ha chiesto di descrivere le cose che non potevo fare. Ho risposto che ci sarebbe voluto molto meno tempo se avessi elencato le cose che avrei potuto fare.

Dal mio punto di vista, sono stata colpita dalla mattina alla sera da ondate di ansia da panico, e ho potuto a malapena avventurarmi a un isolato dal mio appartamento.

Per riassumere una storia che può riempire molte pagine, ho passato anni a fare tutto il possibile per guarire da questa situazione. Dopo molte delusioni, la mia tenacia ha finalmente dato i suoi frutti. Ho scoperto la mia risposta.

La soluzione che ho scoperto è stato il processo profondamente trasformativo di apprendimento della padronanza della mia ansia e del panico.

Per me ci sono state due chiavi per ottenere questa padronanza e curare questa condizione: la formazione e l'educazione.

Come posso prevenire gli attacchi di panico?

Gli esperti non hanno trovato un mezzo per fermare completamente gli attacchi di panico. Ma se pensate di essere vulnerabili ad essi, potete fare qualcosa per proteggere voi stessi. E si comincia con le abitudini quotidiane.

La prima azione sarebbe quella di scoprire cosa sta succedendo. Per questo dovrete passare dal vostro medico. I sintomi di un attacco di panico, come il battito cardiaco accelerato, la sudorazione, la sensazione di avere il fiato corto e la paura o terrore, possono assomigliare a un attacco di cuore o a vari altri disturbi. Quindi, in caso di attacco, andate dal medico (o anche al pronto soccorso, se urgente) per escludere altre cause ed essere sicuri che non porti ad altri problemi, come ad esempio aumentare la paura di uscire di casa o magari creare problemi sul lavoro.

Gli esperti del settore non capiscono completamente il motivo degli attacchi di panico, ma rilevano che le cose che rendono le persone vulnerabili ad esso includono:

- Storia famigliare
- Eventi difficili, come la perdita di una persona cara
- Abuso di sostanze
- Problemi al sistema nervoso o al cervello
- Altri problemi mentali

Nutrizione

La vita quotidiana può portare tanto stress, grande o piccolo che sia. Agire passo dopo passo inizia con il prendersi cura di se stessi.

Mangiate il giusto. Provate a seguire una dieta sana. State lontani dal cibo che non vi fa bene perché le risposte possono provocare nervosismo.

State lontani dalla caffeina e dal fumo. Possono scatenare l'ansia.

Non bevete alcolici e non fate uso di droghe illegali. Potrebbero sembrare tranquillizzanti, ma compromettono il vostro equilibrio mentale, oltre ad interferire con il vostro sonno ed entrare in conflitto con i farmaci.

La vostra mente

Vi stressa spesso? Fate uno sforzo per scoprirlo, nel caso in cui sia probabile che si verifichi in determinati scenari. Per iniziare, prendete appunti ogni volta che iniziate ad essere nervosi, dopodiché cercate degli schemi. Quando trovate qualcosa che vi stanca, cercate il modo di gestirla meglio. Ad esempio, se andare a fare una passeggiata aiuta a calmare i nervi, andate a fare una passeggiata prima di affrontare situazioni che potrebbero agitarvi.

Anche cambiare il modo in cui affrontiamo i pensieri negativi può essere d'aiuto. Nella nostra mente, tutti noi continuiamo a fare commenti su ciò che facciamo e vediamo. Molti di noi si concentrano su pensieri irrazionali che rendono la vita più difficile di quanto non sia. Potremmo evidenziare il negativo nelle situazioni, o potremmo pensare di dover rimanere sempre sotto controllo.

La Terapia Cognitiva Comportamentale (CBT) può aiutarci a imparare a controllare i nostri pensieri e a sviluppare strategie pratiche.

La consapevolezza e la meditazione sono altre pratiche che possono aiutare ad affrontare i pensieri negativi.

Con la formazione, possiamo capire cosa stiamo facendo e cambiare quei pensieri con quelli positivi. Possiamo vedere il meglio in ciò che accade e lasciar andare cose che non possiamo controllare.

Il corpo

Prendersi cura di se stessi fisicamente può migliorare il proprio stato d'animo. Considerate la possibilità di provare quanto segue:

- Esercizio quotidiano.

È un collaudato antistress, e aiuta a migliorare il sonno e l'umore. Per ottenere il miglior beneficio, puntare ad un minimo di 2,5 ore alla settimana di attività moderatamente intensa, come camminare, o 1,25 ore di esercizio più intenso, come il jogging o il nuoto.

- Yoga, altre attività a ritmo lento e tai chi.

Possono dare sollievo contro l'ansia.

- Esercizi di respirazione.

Quando si capisce come controllare esattamente la velocità di inspirazione ed espirazione, esercitatevi quotidianamente per alleviare l'ansia. Potete anche attingere ad essa per aiutarvi a rilassarvi nel caso in cui abbiate un attacco.

- Dormire.

Vi eviterà di essere intontiti durante il giorno.

Diversi farmaci sono utili per prevenire gli attacchi di panico. Considerate la possibilità di consultare il vostro medico per sapere se ciò può essere adatto a voi.

Il lavoro

Giornata di lavoro difficile? Stress costante sul lavoro? Se credete che vi stia influenzando, fate il possibile per svolgere i vostri compiti senza intoppi:

- Gestite il vostro tempo. Fate delle liste di cose da fare e concedetevi il tempo sufficiente per ogni lavoro. Se avete un progetto enorme, scomponetelo in pezzi gestibili, e impostate dei mini-obiettivi.
- Eseguite i compiti con attenzione, in modo da non dovervi prendere più tempo per sistemarli in seguito.
- Non accettate più lavoro di quello che potete affrontare. Se la vostra agenda si riempie troppo, fate un controllo (con calma) con il vostro supervisore per sapere con precisione come stabilire le priorità.

Prospettiva

Tenete a mente un ultimo elemento. Anche se avete attacchi di panico, voi e il vostro medico avete buone possibilità di sconfiggerli. Circa il 90% delle persone che hanno attacchi di panico trovano sollievo dopo il trattamento. Una vita appagante è alla vostra portata.

Come si può fermare un attacco di panico?

Gli attacchi di panico potrebbero essere intensi e improvvisi. Sapere cosa fare quando emergono può ridurre la loro gravità o aiutare a fermarli.

Gli attacchi di panico sono abbastanza comuni: un articolo afferma che circa il 13% degli individui ne sperimenterà uno nella vita.

Non sempre si può prevedere quando si verificherà un attacco di panico, ma fare un piano di ciò che si dovrebbe fare in caso di attacco di panico aiuterà una persona a sentirsi più in controllo e renderà gli attacchi di panico molto più facili da gestire.

Questo capitolo analizzerà i modi per prevenire un attacco di panico, insieme ad alcuni metodi di base per ridurre l'ansia. Esaminerà anche come si può essere d'aiuto quando un'altra persona sta attraversando un episodio simile.

1. Ricordate che passerà

Durante un attacco di panico, può aiutare tenere a mente che queste sensazioni passeranno e non provocheranno alcun danno fisico, non importa quanto spaventoso sia in questo momento.

Provate a considerare che questo è un breve periodo di ansia concentrata e che finirà presto.

È probabile che gli attacchi di panico raggiungano il loro punto più intenso entro dieci minuti dall'inizio, dopo di che i sintomi cominceranno a diminuire.

2. Fare respiri profondi

La respirazione profonda può aiutare a controllare l'attacco di panico.

Gli attacchi di panico possono portare a una respirazione rapida, e la stretta al petto può rendere i respiri poco profondi. Questo particolare tipo di respirazione può peggiorare le sensazioni di ansia e tensione.

Cercate invece di respirare profondamente e lentamente, concentrandovi su ogni respiro. Respirate a fondo dall'addome, riempiendo i polmoni costantemente e lentamente, contando fino a quattro sia sull'espirazione che sull'inspirazione.

Si può anche provare ad usare la respirazione 4-7-8, il "respiro rilassante". Con questo metodo, la persona inspira per quattro secondi, trattiene il respiro per sette, poi espira lentamente per otto secondi.

Vale la pena di notare che per diverse persone la respirazione profonda può peggiorare gli attacchi di panico. In questi casi, l'individuo può provare a concentrarsi su una cosa che invece gli piace.

3. Annusate un po' di lavanda

Un profumo rilassante può aiutare ad alleviare l'ansia attingendo ai sensi, aiutando l'individuo a rimanere lucido e dandogli una cosa su cui concentrarsi.

La lavanda è un tipico rimedio tradizionale noto per portare una sensazione di calma e relax. Molti studi scientifici riferiscono che la lavanda può aiutare ad alleviare l'ansia.

Provate a portare l'olio sotto il naso e ad inspirare con attenzione, o magari tamponando un po' su un fazzoletto per sentire l'odore. Questo olio è ampiamente disponibile online. Tuttavia i privati dovrebbero acquistarlo da rivenditori affidabili.

Se la persona non gradisce l'odore della lavanda, può provare a sostituirla con un altro olio essenziale di sua scelta, come il bergamotto, la camomilla o l'arancia.

4. Trovare un posto tranquillo

I suoni e le immagini potrebbero intensificare un attacco di panico. Se possibile, cercate un posto molto tranquillo. Questo può essere l'uscire da una stanza affollata o spostarsi per appoggiarsi a un muro vicino.

Sedersi in un luogo tranquillo creerà un po' di spazio mentale, e permetterà di concentrarsi semplicemente sulla respirazione e su vari altri metodi per affrontare la situazione.

5. Concentrarsi su un oggetto

Quando una persona viene inondata da pensieri o ricordi angoscianti, concentrarsi su qualcosa di fisico nell'ambiente può aiutarla a rimanere lucida.

Concentrarsi su uno stimolo può far cessare altri stimoli. Quando l'individuo guarda l'oggetto, potrebbe voler considerare come si sente, chi lo ha creato e la sua forma. Questo metodo può aiutare a ridurre i sintomi di un attacco di panico.

Se l'individuo ha ricorrenti attacchi di panico, può portare con sé un certo oggetto familiare per aiutare a calmarlo. Potrebbe essere una pietra liscia, una conchiglia, un piccolo giocattolo, o un fermaglio per capelli.

Tecniche di "ritorno alla realtà" come questa possono aiutare gli individui che hanno a che fare con attacchi di panico, traumi e ansia.

6. La tecnica 5-4-3-2-1

Gli attacchi di panico possono far sentire una persona disconnessa dalla realtà. Questo perché la forza dell'ansia può superare gli altri sensi.

Il metodo 5-4-3-2-1 è una sorta di tecnica di rilassamento insieme ad una sorta di consapevolezza. Aiuterà a indirizzare l'attenzione della persona via da fonti di stress.

Per utilizzare questo metodo, la persona deve completare ciascuna delle seguenti fasi con calma e accuratamente:

- Guardate cinque oggetti separati. Immaginate ognuno di essi per un breve periodo.
- Ascoltate quattro suoni distinti. Considerate esattamente da dove vengono e cosa li distingue.
- Toccate tre oggetti. Considerate quali sono i loro usi, la loro temperatura e la loro consistenza.
- Identificate due diversi odori. Potrebbe essere l'odore del vostro caffè, del vostro sapone, o il detersivo per il bucato sui vostri vestiti.
- Trovate una cosa che potete assaggiare. Notate qualunque sia il sapore che avete in bocca, o magari provate ad assaggiare una caramella.

7. Ripetere un mantra

Un mantra è una parola, una frase e un suono, che aiuta a focalizzare e a dare forza. Ripetere internamente una frase o un mantra può aiutare una persona ad uscire da un attacco di panico.

La frase, o mantra, può assumere la forma di rassicurazione e può essere facile come: "Anche questo passerà". Per alcuni potrebbe avere un significato anche religioso.

Mentre l'individuo si concentra sulla ripetizione attenta di un mantra, le sue risposte fisiche rallentano, permettendogli di regolare la respirazione e di sciogliere i muscoli.

8. Camminare o fare un po' di esercizio fisico leggero

Camminare può distogliere la persona da un ambiente stressante, e anche il ritmo della camminata può aiutarla a controllare la respirazione.

Muoversi produce gli ormoni chiamati endorfine, che rilassano il corpo e migliorano l'umore. Allenarsi regolarmente può aiutare a ridurre l'ansia nel tempo, con conseguente diminuzione del numero o della gravità degli attacchi di panico.

9. Provate le tecniche di rilassamento muscolare

Un altro segno di attacchi di panico è la tensione muscolare. Praticare tecniche di rilassamento muscolare potrebbe aiutare a limitare un attacco. Se la mente sente che il corpo si sta rilassando, anche altri sintomi - per esempio la respirazione rapida - potrebbero diminuire.

Un metodo noto come rilassamento muscolare progressivo è uno dei mezzi preferiti per affrontare gli attacchi di panico e di ansia.

Questo comporta la tensione e poi il rilassamento di vari muscoli a turno. Per farlo:

- Mantenete la tensione per cinque secondi.
- Dite "rilàssati" mentre rilasciate il muscolo.

- Lasciate che il muscolo si rilassi per dieci secondi prima di passare al muscolo successivo.

10. Immaginate il vostro posto felice

Il luogo felice di una persona dovrebbe essere il luogo in cui si sente più rilassata. Il luogo particolare sarà diverso per tutte le persone. Sarà un luogo dove si sentiranno tranquille, sicure e rilassate.

Quando inizia un attacco, può aiutare chiudere gli occhi e immaginare di essere nel proprio posto felice. Considerate la calma che c'è in quel luogo. Si possono anche immaginare i propri piedi nudi che toccano la terra, la sabbia o i tappeti morbidi.

11. Prendere i farmaci prescritti

In base alla gravità degli attacchi di panico, un medico potrebbe prescrivere un farmaco necessario da usare. Questi farmaci in genere funzionano velocemente.

Alcuni contengono un beta-bloccante oppure una benzodiazepina. Il propranololo è un beta-bloccante che rallenta il battito cardiaco e riduce la pressione sanguigna.

Le benzodiazepine che i medici prescrivono regolarmente per gli attacchi di panico includono Xanax e Valium.

Tuttavia, questi farmaci possono creare una forte dipendenza, per cui bisogna usarli proprio come prescrive il medico. Assunte con l'alcol o con gli oppiacei possono avere effetti avversi, pericolosi per la vita.

Il medico potrebbe anche descrivere gli inibitori selettivi della ricaptazione della serotonina, che aiutano a prevenire gli attacchi di panico.

12. Ditelo a qualcuno

Se gli attacchi di panico si verificano spesso in un ambiente comune, come uno spazio sociale o un luogo di lavoro, può essere utile informare qualcuno e permettergli di sapere quale tipo di supporto può fornire se ciò si verificasse di nuovo.

Se un attacco avviene in pubblico, dirlo ad un'altra persona può essere d'aiuto. Potrebbero avere la capacità di trovare una zona tranquilla e impedire ad altri di disturbarvi.

13. Imparate i vostri trigger

Gli attacchi di panico di una persona possono spesso essere causati da cose simili, come spazi chiusi, luoghi affollati o problemi finanziari.

Imparando a controllare e a stare lontano dai loro inneschi, le persone potrebbero abbassare la frequenza e l'intensità dei loro attacchi di panico.

Condizionare la vostra mente e il vostro corpo a routine e mentalità più sane è un buon modo per prevenire gli attacchi di panico. Il cambiamento in uno stile di vita più sano è un buon inizio per rafforzare la vostra mente e il vostro corpo. Ricordate che è la mente che comanda il corpo, quindi è fondamentale mantenere una visione positiva e uno stato mentale ed emotivo stabile.

Conclusione

Gli individui che hanno attacchi di panico a volte peggiorano fino ad avere un disturbo di panico. Le persone con disturbo di panico hanno attacchi di panico inaspettati e ripetuti. Si preoccupano di avere più problemi e attacchi, che qualcosa di brutto possa accadere a causa di un attacco di panico. Le preoccupazioni comuni riguardano lo svenimento, l'impazzire, l'avere un attacco di cuore, il morire, l'umiliazione. Il disturbo può creare molta angoscia e ostacolare le attività della vita.

Non tutti coloro che soffrono di attacchi di panico hanno un disturbo di panico. Gli attacchi di panico possono verificarsi in individui con alcuni altri disturbi d'ansia. Ma la distinzione è che le persone con disturbo di panico hanno paura del panico, mentre, in altri casi, la persona ha paura di qualcosa che provoca il panico.

Poiché i sintomi degli attacchi di panico possono apparire come altri gravi problemi di salute, è una saggia idea cercare informazioni presso il proprio fornitore di assistenza sanitaria nel caso in cui si abbiano i sintomi. Quando altri problemi di salute sono stati esclusi, è il momento di chiedere aiuto se si verifica un mese o più di problematiche costante dopo l'attacco di panico iniziale.

I professionisti della salute mentale più esperti possono valutare e trattare gli attacchi di panico e i disturbi di panico utilizzando trattamenti basati sull'evidenza, tra cui la Terapia Cognitiva Comportamentale (CBT).

Da soli o con l'assistenza di un professionista esperto, saperne di più può consentire di gestire l'ansia in caso di attacchi di panico.